映画論叢 55

国書刊行会

映画論叢55 もくじ

サンドラ・ディー。『黒い肖像』パンフレットより

鉄拳と剣戟にかけた天皇巨星
ジミー・ウォング罷り通る　二階堂卓也　87

J・エドガー最初のお気に入り俳優
性格俳優ロイド・ノーラン　千葉豹一郎　109

これぞ英国職人監督魂
ラルフ・トーマスを語ろう　ダーティ工藤　13

デジタル時代の映画の画面サイズ
――誕生以来の映画とビデオの関係　内山一樹　25

西部劇への一視点
それぞれの俳優人生　猪股徳樹　4

追悼
加納一朗遺文
空想科学映画が好きだった　78

ジャック・ケニー

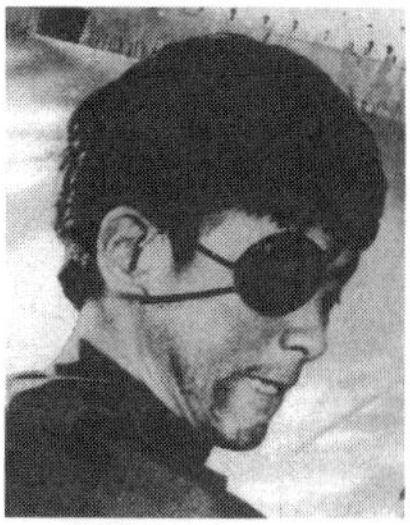

『ドラゴン武芸帳』のジミー・ウォング

同時代人であることが誇り
裕次郎賛歌　石原プロ解散に思う　永田哲朗　62

「ムービーマガジン」をご存じですか？　第十五回
一気にいくぜ！　21〜24号
全31冊総目次（その12）　浦崎浩實　47

独立系成人映画再考　音楽篇③
新高恵子は〝歌手〟だった　東舎利樹　67

珍品ショウケース⑦『爪をとぐ女猫』　ダーティ工藤　106

フヰルム温故知新㉝　サイレント映画の輝く星　布村 建　22

デジタル過渡期の映画上映㉖　科学より空想へ　長谷川康志　120

《映画の見かた》の見かた㊲　同時代で見ることの重要性　重政隆文　9

脚本家水木洋子のXYZへの道⑦　ねばり腰　奥薗守　39

笑いの意味　三島由紀夫vs東大全共闘　瀬戸川宗太　60

誤記あり改題あり　新東宝映画の追跡調査　最上敏信　82

俳句誌の映画特集　堅気の生活のなかで　永井啓二郎　21

弁護士プレストン　この一篇、迫力あり　沼崎肇　46

バックナンバーのご案内／105
次号の予告／126
執筆者紹介／127
編輯後記にかえて／128

表紙写真：『ロマンス・ライン』でキャサリン・ヘップバーンを演出するラルフ・トーマス

扉写真：（上）ロイド・ノーラン出演作『山荘物語』。ジャネット・マクドナルドとクロード・ジャーマン・ジュニア　（下）猪俣公章が音楽を担当した、若松孝二『悪のもだえ(63)』プレスシート裏面の一部。白川昌夫(晶雄)？と松井康子

西部劇への一視点

それぞれの俳優人生

猪股徳樹

ポスト・パークという俳優

Post Park
1899〜1955

名作『リオ・グランデの砦』の一場面。軍の補給品を積んだ馬車隊が砦に到着する。一台の馬車に、馭者と並んで貴婦人が乗っている。それを見た上官が声をかける。

「トランケット、いつ嫁さんをもらった？」

「違います」

トランケットは噛みタバコの唾をブチャーっと吐く。女性と上官のやり取りで、女性が砦の最高指揮官の奥方である事が判る。トランケットは慌てて口から噛みタバコを吐き出し、不動の姿勢に入る。このトランケットを演じた俳優はポスト・パークという。そしてこの俳優が馭者席にいる事に、この拙稿を進める意味がある。

一般的に西部劇には馬車が登場する。駅馬車、幌馬車、軍の馬車、開拓民の荷馬車などなど。あまりにも当たり前で空気のような存在の馬車。考えてみれば監督が想い描いたフレームに馬車をピタリと入れる事は難しいものだと思う。隊列を組んでいたら尚更だ。この時代は４頭立て、６頭立てが標準である。

その馬車の制御は誰かがやらなければならない。制御技術のある人。俳優として演技もしなければならない。馬車の暴走や崩壊のシーンではスタントもやる。崖っぷちを通り抜ける。それができるのがポスト・パークであ

る。決して公園の郵便ポストではない。ポストはとても貴重な存在で需要が多かったようだ。演技よりも技術力でギャラをもらう人なのだろう。

ポスト・パークは１９３５年頃脇役の俳優になり、85本の西部劇などに出演した中で、馬車を操る馭者を演じたのは60作に及ぶ。おそらくロケ先で馬車の配置や運行もポストの仕事だろう。主な作品を挙げると『たくましき男たち』『アラモの砦』『サンタフェへの道』『賞金を追う男』『カウボーイ魂』『私刑される女』『ネバダ決死隊』『西部のガンベルト』『黄色いリボン』『高原児』などなど。これらの作品で馬車に馭者がいたら、その人がポスト・パークである。

ポスト・パーク。『リオ・グランデの砦』でモーリン・オハラと

馬車の通る道は荒れ地が多い。渡河もあるし山越えもある。脱輪したら谷底へ転落する隘路を駆け抜ける。名作『幌馬車』のラストの山越えのシーンは伝説の域だ。急斜面をUターンしながら登り切る迫力。たかが馬車だが、されど馬車。幌馬車が平原を走る当たり前の原風景が、西部劇の重要なファクターの一つである事に気が付く。

ジャック・ケニーという俳優　Jack Kenny　１８８６～１９６４

まずは写真を篤とご覧あれ。「この人どこかで見たぞ」と、感じ入る方は多いと思う。

それもそのはず、生涯250本の出演作中、約140作の映画でTownsmanかBarflyを演じた。つまり、街角に立つ町民か、酒場にたむろする町民の役。どちらも大概、ただ立っているだけでアクションも無いしセリフも無い。140本の西部劇で町民を演じたので、記憶に残らなくても残像が残っている方は多いと思う。さらにはおびただしい数のテレビ西部劇。もし古い西部劇を見る機会があったら街角を見よう。そこにはジャックが立っている。

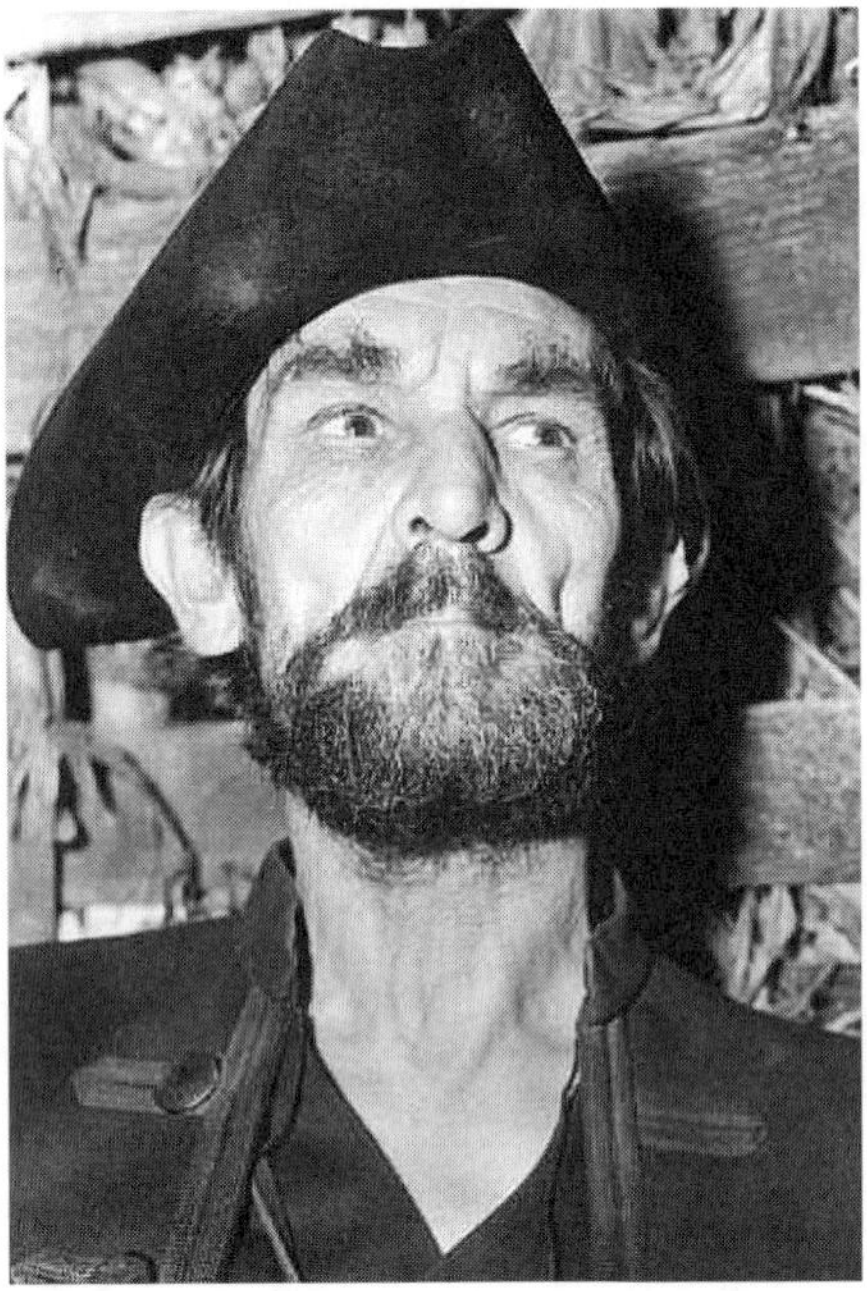
ジャック・ケニー

何故、立っているだけのジャックはそれほど需要があったのか。それはジャックからあの時代のオーラがほとばしっているからだろう。ジャックは俳優として演技を提供してギャラを得ているのではなく、オーラを提供しているのだ。
西部劇も日本の時代劇も、過ぎた過去の出来事の映像化である。その中に、あの時代をギッシリと詰め込まなければならない。時代劇だと今に比べて、髪形が違う。服装も違う。言葉も違う。刀を差す。それに対して西部劇は、髪形も服装も言葉もそれほど今とは変わらない。だから出演者の持つ雰囲気やオーラがとても重要になって来る。そう、ジャック・ケニーはあの時代のオーラ発生器なのだ。
主な出演作に『地獄へ片足』『ガンヒルの決闘』『決斗ウェストバウンド』『縛り首の木』『草原の野獣』『赤い河の逆襲』『OK牧場の決闘』『やさしく愛して』『必殺の一弾』『硝煙』『烙印なき男』『機関車大追跡』『捨て身の一撃』『暴力には暴力だ』『アラモの砦』『法律なき町』『勇者の汚名』『荒野の決闘』などなどほんの一例だが、ジャック・ケニーが街角で、酒場で、時代を表現した作品群である。

ジャックは右端でゲームを見ている。このように酒場でぶらぶらしている男をバーフライと呼ぶ。情報収集の重要な場所なのだろうが、早い話が仲間の中にいれば、精神が安定するのだろう。我々も同じだ。Barfly は、カウンターに群がるハエ

ハル・ニーダムという俳優 Hal Needham 1931~2013

ハリウッドの映画産業は巨大だ。関係者の人名簿などは、分厚い電話帳のような冊子が数冊分になると言われている。そして時代はどんどん変わり、関係者も俳優たちも入れ替わる。そんな世界で長らくこの産業に貢献し続ける人もいる。

ハル・ニーダムは、1957年から1996年まで、スタントマンとして、俳優として、遂には監督として、40年間この世界の裏側を支え続けた。そして時代の変化に合わせて自分自身を大きく変えた。スタントで言えば、西部劇の時代には馬や馬車の危険なスタントシーンで親方と呼ばれ、時代が変わるとカーチェイスのスタントでボスの名を冠した。西部劇の時代の親方とはヤキマ・カナットの時代。クリフ・ライアンズの時代。そしてハル・ニーダムの時代で終焉を迎えたように思う。ハルのここまでの主なスタント作に『男の出発』『リオ・ロボ』『チザム』『大いなる男たち』『100丁のライフル』『戦う幌馬車』『大西部への道』『シェナンドー河』『マクリントック』『西部開拓史』『大い

二つの世界を生き抜いたハル。男は時代が変われば顔も変わる。共通項は、日々これ幸せなり

なる西部』などなど。

１９７０年を過ぎるとカーチェイスを始め、飛行機の曲乗り、パワーボート、ビルからの転落などで、スタントマンのパフォーマンスも大変わりする。ハルはこの世界でも頭角を現しキッチリと結果を残し、バート・レイノルズの影武者を務め、この二人のコンビが誕生する。以後、『ゲイター』『ロンゲストヤード』『白熱』『キャノンボール』『キャノンボール２』でハルは共演とスタントマンコーディネーターを務める。

その他に『トランザム７０００』『グレート・スタントマン』『続トランザム７０００』などを監督した。

二つの世界を生き抜いたハル。男は時代が変われば顔も変わる。共通項は、日々これ幸せなり。

イギリスのThe Telegraph紙が、２０１９年度の快作『ワンス・アポン・ア・タイム・イン・ハリウッド』の主人公は、この２人をモデルにしたと記載した。すなわち、リック（レオナルド・ディカプリオ）のモデルとなった人がバート・レイノルズで、クリフ（ブラッド・ピット）のモデルがハル・ニーダムであるとの事。異論を挟むつもりは毛頭無い。

（いのまた・とくじゅ）

《映画の見かた》の見かた㊲

同時代で見ることの重要性

重政隆文

二階堂卓也（一九四七年生まれ）は世評がどれほど高くても見たくない映画は見ない。意固地になって見ない。評論家としての責任感（そのようなものがあるのか）など最初から放棄している。だから見ないといけない映画、必見映画とも呼ぶべき作品をあえて見ようとしない。見たい映画だけ見る。映画館に通い続けて自然に醸成されてくる勘に従って見たい作品を選ぶ。一つの見識である。私はマカロニ・ウェスタンにほぼ縁がなかったので二階堂のそれら関連著作を楽しめないが、『ピンク映画史』（二〇一四年八月、彩流社）『洋ピン映画史』（二〇一六年十二月、彩流社）は充分に堪能できた。

新著『日本映画裏返史』（二〇二〇年二月、彩流社）で彼が取り上げるのは「多くはまともな批評の対象にならなかった通俗娯楽映画の数々」（367頁）だ。奇妙なタイトルだが、「うらがえし」と読ませる。正史とは違うもの、正史には記されにくいものを書いている。

戦後の日本映画史（といってもこの本の範囲は現代までは来ていない）を正統的名作史的に論じるのではない。あくまで自分が映画館で好きなように見てきたものが対象である。カルト映画やミニシアター系の映画ばかり取り上げたりする評論家もいるが、二階堂はそれとも姿勢が違う。メジャー映画も普通に見る映画ファンだ。

見た映画に関して綿密なメモを取っているところは小林信彦みたいだが、見る映画の選択に関してはあくまで自分の好みを最優先する。見立て違いはしばしばある。見ている最中からつまらなく感じる時もあり、取り上げられた作品の中でも何本かは途中退場している。貧乏性の私は途中退場がもったいなくて最後まで見る。どんなにつまらなくてもくだらなくてもクレジットの最後まで見る。冷静に考えると時間を無駄遣いしているとも考えられるが、私の人生には無駄があちこちにあるのであまり気にならない。

黒澤明は、世間一般的には日本映画界を代表する偉大な監督だと思われている。しかし、二階堂は思っていない。まず黒澤が主戦場としていた東宝のことを「健全で明朗にして無害な映画が多かった会社」（35頁）と規定する。彼が東宝に求めたのはゴジラと空想科学シリーズの映画である。「社長」シリーズ、「駅前」シリーズ、「若大将」シリーズを無害な作品と捉える。この三シリーズの作品には私も心は動かされなかった。ただ、二階堂同様、私も東宝作品は真面目で健全でつまらない映画というイメージを持っている。

娯楽映画を旨とするこの〝裏街道史〟には『白痴』（51・松竹）や『生きる』（52）、など、およそ縁遠い作品も多いが、『用心棒』という大娯楽映画がある以上、避けては通れない。（36頁）

黒澤明など本来は避けて通りたい監督だったのだ。ただ、『用心棒』だけは気に入っている。ほぼあらゆる面で優れているとし、仲代達矢だけが浮いているという。『目』で演技をするのが得意な俳優、空っ風吹く上州の田舎やくざ役に断然フィットしていなかった」(37頁)と書く。新劇風の臭い芝居をする仲代のことを、私の仲間内で「目を剥きたがる俳優」と評価していた。だから仲代が臭い演技を封じられた『天国と地獄』は二階堂も褒めている。

二階堂は『椿三十郎』の殺陣の素晴らしさは認める。しかし、作品が結果的につまらないのは「『用心棒』のように金目当てという行動の起爆剤がない。キャラクター性が確立されていない」(37頁)からだと書く。

文句を言う人がほとんどいない『七人の侍』にかこつけて、二階堂は世の完全版評価にもの申す。

完全版というやつは強力なキャッチ・フレーズになり、確かに興味をそそるが、卑見ではおおむね贅肉部分を見せられるだけで、冗長な印象しか与えない。映画の価値は商品として供される封切り時のフィルムでこそ決まるものだと思う。(39頁)

私の憶測では、完全版をありがたがる人はDVDで映画を集めるのが好きな人だ。おおむね、完全版はオリジナル版より長い。カットされた部分を復元する。だから贅肉なのである。

以下、『蜘蛛巣城』は「暗く、重い」(39頁)、『隠し砦の三悪人』が長くなったのは「あれもこれもと欲張り過ぎた」と非難し、『赤ひげ』に辟易したのは「病人や貧民の悲惨な状況がこれでもかとばかり繰り広げられるからだ」(40～41頁)と断じる。私は不幸自慢の映画も結構好きなので、この『赤ひげ』に関しては意見を異にする。

世界的に評価された『羅生門』に関しては「昔のこととはいえ、イタリア伝統の映画賞の最高の栄誉を受けたとは信じられない」と書く。聖域化された黒澤映画、国際映画祭グランプリ映画に対し多くの映画評論家は今でも弱腰なので。二階堂の論は貴重だ。

黒澤初のカラー作品『どですかでん』にも厳しい。

「楽しい」「わかり易い」「面白い」の真逆を行く失敗作だ。立派な商業映画の監督という認識が薄らいでいき、刷り込まれていた〝巨匠〟とか〝世界のクロサワ〟といった形容に疑問符を付け始めたのは、初めてのカラー作品となった本作からである。(47頁)

二階堂が求めるのは「楽しい」「わかり易い」「面白い」映画である。『どですかでん』が面白くないなら『デルス・ウザーラ』など面白く感じるわけがない。「娯楽性など皆無の実に退屈な二時間四十分」(48頁)とはっきり書いている。『夢』が退屈と感じるのは誰もが同じだろうが、公開当時、誰もそのようなことは言わなかった。二階堂の評価が的確だ。「何やら、書くネタがなくなった老作家の懐旧エッセイでも読まされた気分になった」（53頁）。私はいかりや長介が、俺は鬼だと自己紹介する台詞があまりにあほらしく笑ってしまった。面白くて笑ったのではないし、黒澤自身も面白がらせようとギャグにしたわけでもない。『影武者』『乱』は共に「全体に重々しいというか、荘重というか、何か、こちらも客席で法事の如くかしこまっていなければならない雰囲気になってくる」（49頁）と評している。公開当時、多くの観客も面白く感じていなかったように思えるが、世界のクロサワに対して、面白くないとは言えない風潮が評論家にも観客にもあった。

〝世界のクロサワ〟は老境に入る前に、もっと観客を興奮させ、楽しませる娯楽映画を作るべきであった。それは大衆に媚びるということでは絶対なかったはずである。（57頁）

評論家や観客が監督を育てるという考えからすると、みんなで黒澤を褒め殺してしまったとも考えられる。いまだに黒澤神話が存在するが、二階堂がしたように各人が正直に評価することで黒澤を黒澤神話から救い出すこともできるだろう。

評価が定まっている作品や監督への、映画館で見た時の正直な評価が二階堂の持ち味である。世間の評価を本書のタイトル通り裏返してくれる。

他にも「男はつらいよ」シリーズがある。若い観客たちからはすっかり忘れられている。渥美清が亡くなってもしつこく過去の映像を切り貼りして贋作を二作品作ったが、もう観客はついてこない。二階堂はこのシリーズが長期化した理由を述べている。「毒に薬にもならない映画が四十八本も続いたのは、マドンナ役はともかくとして助演者のキャスティングをほぼ変えなかったこともある」（一七四頁）。一理ある。保守反動が功を奏したのだ。

他に、石原裕次郎や小林旭を取り上げる。二人の全盛期の作品を私はリバイバルや特集上映でたくさん見たものの、同時代の雰囲気がつかめない。

石原裕次郎には世代的なこともあり、さして思い入れはないから、やがて、その稼ぎ場をテレビに移してしまったことを残念には思っていないし、その死にも特段の感慨はない。（190頁）

映画は同時代に見ないとダメだ。太陽族映画に限らず、当時、映画を見る人は不良であるという雰囲気はかすかに知っている。生活指導の先生が映画館で「不良学生」を見つけては補導室で説教した、という話はよく聞いた。裕次郎に関しては下手な俳優という印象しかないのだが、たぶん熱気が冷めてから見たことも影響するのだろう。一方で、小林旭には独特の雰囲気があり、その臭みも含めてどこか魅力がある。小林旭の「渡り鳥」シリーズも私は時代をずらして大半を見ている。

> 「渡り鳥」に戻れば、小林信彦氏は「小林旭の映画を見るのは、二十代半ばの男にとっては、恥ずかしいことであった。（中略）とくに〈渡り鳥〉映画を見るのは、具合の悪いことでもあった」と述懐し、その諸作を「ゲテモノともいえる作品群」とまで書いている。前後の文章は勝手ながら省略したが、要は、そのデタラメさやバカバカしさを衝きながらヒーローとしての渡り鳥＝滝伸次と小林旭のスター性を論じているのだが、二十代にはまだ程遠かった身には恥ずかしいことでも具合の悪いことでも、況や、ゲテモノなどでは全然なかった。リアル・タイムで見た時の彼我の年齢と映画体験の差である。小林旭は、ただひたすらカッコよかったのだ。（164頁）

やはりキーワードは映画館なのである。何歳の時に同時代の映画を見た、ということが重要なのである。二階堂の述べる感情、感動は、その時代に映画館で見てこその述懐なのだ。

私は幸運なことに、東映のやくざ映画を大阪の新世界にある新世界東映に毎週通うことであらかた見ることができた。三島由紀夫が評価したので『博奕打ち・総長賭博』（1968年、山下耕作監督）が東映やくざ映画の頂点みたいに思われているが、二階堂は軽くいなした後、次のように論じる。

> やくざ映画については日本の政治状況や学園紛争などの世情、日本人の義理と人情、美意識などを引き合いに新聞や雑誌で〝現代人の心を捉える任侠の美学〟〝日本的情念の爆発〟〝服従と殺意の相克〟といった論考がなされた。評論家やジャーナリストはすぐこういうことを書く。映画は時代の産物と知りつつも、どうして娯楽映画を娯楽映画として単純に享受できないのかと不思議でならない。困ったものだ。
>
> 観客はそんな論考や風潮とやらに関係なく、映画館に通ったのである。面白ければ満足し、つまらなければ舌打ちする。こと任侠映画に限らず、娯楽映画はそれでいいし、また、そういうものだ。そして、飽きたら見なければいい。（264頁）

力こぶをいれないで論じている。映画館をベースにして生活してきた者の強みである。やはり映画は同時代に見ないといけない。二階堂が高く評価するのは小沢茂弘監督である。私の好きな『遊侠列伝』はこの本の中では論じられていないが、どの小沢作品もおおむね安心して楽しめる。

二階堂の基本ははっきりしている。面白いかどうか、これだけである。人によって面白さは違うが、各人、この基本にしたがって映画を見ていれば、その要求に応える映画も増えてくるのではないか、という淡い希望を私はもっている。

（しげまさ・たかふみ）

ラルフ・トーマスを語ろう

これぞ英国職人監督魂

ダーティ工藤

一般的な映画ファンに問うて、監督の名前は知らなくとも監督した映画は何本も観たことがある、というのが私は最良の職人監督としての立ち位置と考える。今や普通に流布した感のある作家主義的な映画鑑賞とは、ある意味全くの別物と言っていいだろう。娯楽映画を観るというのは、すなわち職人監督の映画を観る、と言い換えてもいいだろう。ラルフ・トーマスなどは、まさに英国を代表する職人監督と言っていいだろう。三隅繁こと故岡伸行に代表される筋金入りの映画マニアにとって、英国映画への憧れと愛着は現在では考えられぬほど大きなものがあった。１９７５年にエリザベス女王来日記念でＢＦＩの全面協力で実現したフィルムセンター（現フィルムアーカイブ）「英国映画の史的展望」で、初めて観ることが出来た貴重なフィルムの数々は今でも忘れられない記憶になっている。岡とラルフ・トーマスの話をした記憶はないものの、英国映画マニアたる彼なら当然観ていたに違いない。

キャロル・リード、デヴィッド・リーンだけが英国映画を代表しているのではないのである。もう少し言うと若松孝二、ピンク四天王だけがピンク映画を代表しているのでなく、ルーティンワークを埋める小林悟、小川欽也がいてこそのピンク映画なのである。ラルフ・トーマスこそは、そのルーティンワークを生き抜いた監督と言えよう。因みに前記ＦＣでは１９８４年、所蔵作品数本

『三十九階段』のケネス・モア

による「ラルフ・トーマス監督特集」がささやかに開催された。

第一章　予告編の名手

ラルフ・トーマス（1915〜2001）は英国ヨークシャー州イースト・ライディアン生まれ。実弟は58〜78年まで全24本製作された人気コメディ『Carry On』シリーズ（日本公開は『OHH／その時一発』（64）と『ドクター・ストップ』（68）の2本のみ）で知られる映画監督ジェラルド・トーマス（1920〜1993）。因みに『Carry On Regardless』（61）と『Carry On Cruising』（62）の2本は兄弟で共同監督をしている。そして息子は『ラスト・エンペラー』（87・ベルナルド・ベルトルッチ）でアカデミー作品賞を受賞し国際的名プロデューサーとなったジェレミー・トーマス（1949〜）である。彼は大島渚の『戦場のメリークリスマス』（83）や三池崇史の『無限の住人』（17）などもプロデュースし日本映画への馴染みも深いが、彼の父親がラルフ・トーマスだと知る日本の映画ファンはかなりディープだろう。

ラルフは若き日より映画に興味を持ち、32年サウンド・シティ撮影所に見習いとして入ったのを皮切りに、34年ブリティッシュ・ライオンの編集助手となり、やがて編集マンとして独り立ちするが、39年第二次大戦が勃発し入隊。激戦となった北アフリカ、エル・アラメインの戦いにも参加して少佐に昇格する。

終戦後は映画界へ復帰し、名伯楽アーサー・ランク率いるランク・オーガニゼーションで2百本近い予告編を作り、予告編部門の責任者となる。数多くの予告編を作ることで様々な監督より、ストーリーを簡潔かつスピーディにするための多くのテクニックを学んだという。予告編作りのうまさが、監督へ昇格するための最終的関門だとは日本でもよく言われており、程なくランクに手腕を買われて監督へと昇格することとなる。

第二章　盟友ダーク・ボガードとの出会い

かくして49年、当時人気の子役グーギー・ウィザース主演のライト・コメディ『Once Upon a Dream』で監督デビューを果す。因みにこの年、息子ジェレミーが誕生した。50年、監督第3作目となる『The Clouded

Yellow』が最初のターニング・ポイントとなる。当時スチュワート・グレンジャーと結婚したての人気女優ジーン・シモンズと演技力には定評のあるトレヴァー・ハワード主演で、原題の意味は珍しい蝶の種類だそうな。これはアルフレッド・ヒッチコックの『三十九夜』（35）を想起させる巻き込まれ型のサスペンス・スリラーで、

『わたしのお医者さま』。ダーク・ボガードとＢＢ

ラルフの新人離れした演出の確かさが冴えた快作で、興行的にもヒットし出世作となった。本作は、以後長いパートナーとなる女性プロデューサー、ベティ・E・ボックスとの初コラボでもあった。彼女は同じくプロデューサーのジョン・E・ボックスの妹で、当時はまだ珍しかった女性プロデューサーの先駆け的存在であった。

　54年には70年までの長きに渡って製作されたお色気喜劇『ドクター』シリーズの第一作『ドクターの家』を監督しヒットを飛ばす。後にルキノ・ヴィスコンティやジョセフ・ロージー作品に出演し、国際的名優となるダーク・ボガードとの初コンビであった。当時のボガードはまだ線の細い二枚目で、この映画のヒットにより人気スターとなる。シリーズ第二作『わたしのお医者さま』（55）は、当時人気若手女優のブリジッド・バルドーとD・ボガードとの共演ということもあり英国のみならずヨーロッパ中で大ヒットし、人気監督としての地位を確定した。この間、ジョン・ミルズ主演の実録戦争もの『潜水艦隊帰投せず』（55）を監督。ほろ苦いエンディングを含め、全篇実録ものらしい芯のある演出を示した。

　ヒット監督としての地位を得ると共に、キャサリン・ヘップバーン、ボブ・ホープというハリウッドの二大ス

ター主演『ロマンス・ライン』(56)の監督に起用される。これは一般的にはグレタ・ガルボ主演『ニノチカ』(39・エルンスト・ルビッチ)のリメイクとされているが、脚本のベン・ヘクトはこちらには参加しておらず、どちらかと言えば彼が脚本参加したクラーク・ゲイブル、ヘディ・ラマー主演『同志X』(40・キング・ヴィダー)に近いアウトラインとなっている。さらにジョン・ウェイン、ジャネット・リー主演の『ジェット・パイロット』(57・ジョセフ・フォン・スタンバーグ)は、『ロマンス・ライン』のリメイクと言っても過言ではない酷似したストーリー(脚本はジュールズ・ファースマン)になっている。最も『ジェット・パイロット』は50年に完成していたが、製作・配給元であるRKOの当時の社主ハワード・ヒューズによってズタズタに編集し直され航空シーンを大幅に追撮された上で57年に公開されたそうなのでいささか複雑ではある。ともあれ『ロマンス・ライン』はラルフと二大スターとの確執もありコメディとしては不発で、興行的にもコケてしまい職業監督としては甚だ不名誉な作品となってしまった。これに懲りたのか、以後二度とハリウッド資本及びハリウッド・スターとの仕事をやることはなかった。

第三章　アーサー・ランクの世界市場戦略

『ロマンス・ライン』の亡霊を、自動車レースを舞台にした切れのいいアクション『スピードを盗む男』(56)で振り切った。風光明媚なアルプスのハイウェイが観光気分をかき立て、自動車レースのスピード感と好対照させた快作で、主演のアンソニー・スティールよりもスタンリー・ベイカーの悪役ぶりが光った。

調子を取り戻したラルフは、アーサー・ランクが世界市場を見据えた野望に参画することになる。ランクは製作ベティ・E・ボックス、主演ダーク・ボガード、監督ラルフ・トーマスのトリオで世界市場を見据えた連続企画で勝負に出る。第一作『キャンベル渓谷の激闘』(57)は、アリステア・マクリーンと並ぶ英国冒険小説の雄ハモンド・イネス原作によるカナダを舞台にした骨太な冒険活劇。クライマックスのダム崩壊の特撮や、濁流の中でのD・ボガードとスタンリー・ベイカーの格闘など見せ場はタップリだが、最後のチョー強引なハッピー・エンドには苦笑させられる。

続く『二都物語』(57)は言わずと知れた文豪チャー

ルズ・ディケンズの大長編小説の映画化。当時の雰囲気が出るというので、あえてモノクロにした効果は出ているものの、ヒロイン役のドロシー・テューティンの恐ろしいほどのミスキャストもあり時代ものとしての華やかさに欠け、D・ボガードの好演を持ってしても補い切れなかった。ただ出番は少ないがクリストファー・リーのサディスティックな貴族役は印象に残った。

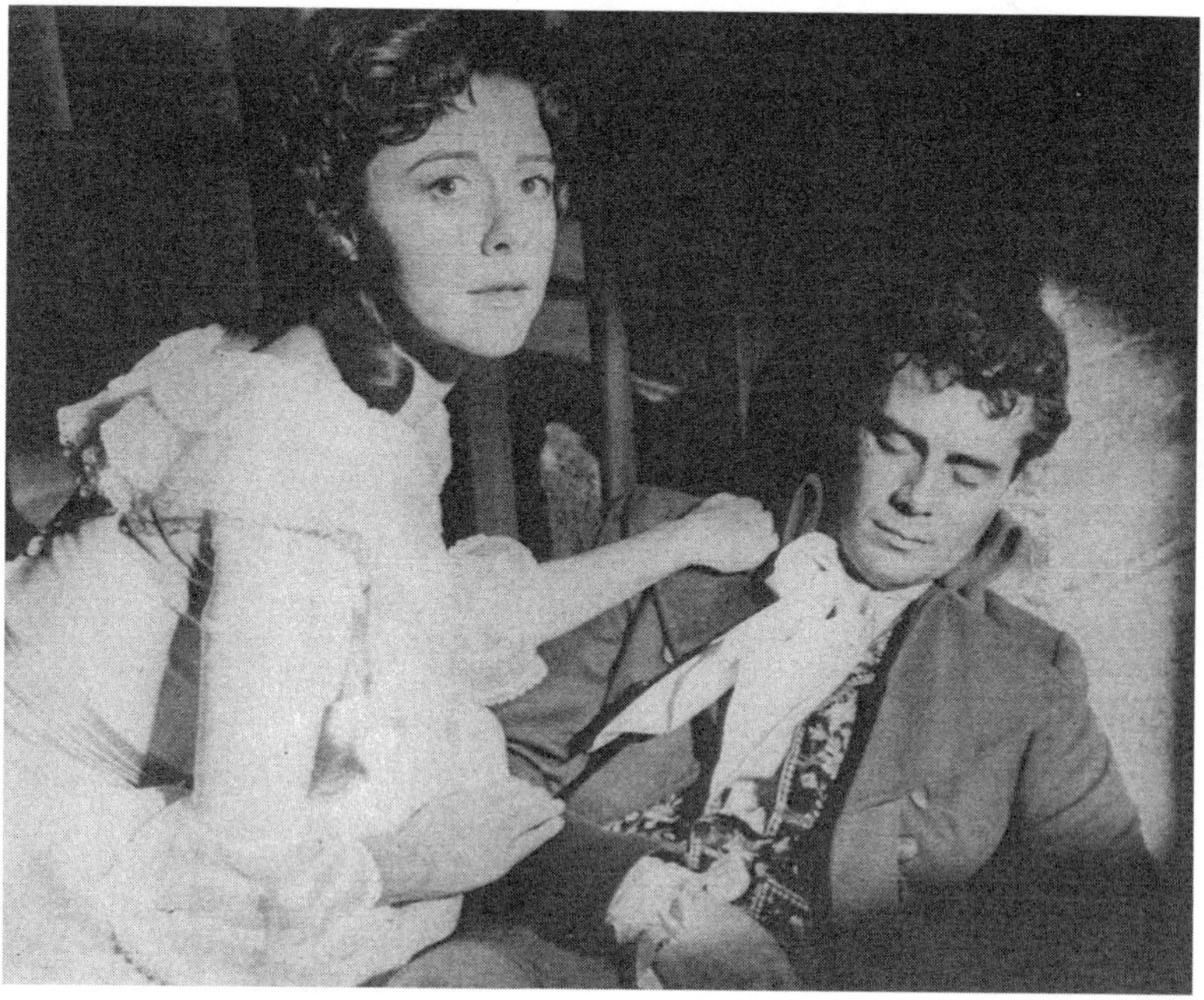

『二都物語』。ボガードとドロシー・テューティン

第三作『風は知らない』（58）は、前二作とは一転して第二次大戦中の英国将校と日本女性の恋愛を描いたロマンス大作。これはマーロン・ブランド主演の『八月十五夜の茶屋』（56・ダニエル・マン）、『サヨナラ』（57・ジョシュア・ローガン）などハリウッドの日本ブームに便乗したかのような企画である。当初はデヴィッド・リーン監督、グレン・フォード、岸恵子主演という企画で日本でも話題になったが、最終的にはD・ボガード、谷洋子主演に落ち着いた。英軍在留中のインドが主たる舞台で、ここで英軍人に日本語を教えるのが、日本の軍国主義に反発して当地へ来た谷洋子。授業で交わされる日本語の会話や谷の日本風俗描写は、当時としては一応許せるレベル。おそらく谷や日本軍将校役で出演した大川平八郎（ヘンリー大川名義）の進言もあったのであろう。日本側描写では善戦しているものの、映画としては脚本（原作？）があまりにつまらないので、難病で

谷が死ぬラストもさっぱり盛り上がらない始末。結果、興行的にも失敗して、ランクの世界市場戦略は本作で打ち止めとなってしまった。

『風は知らない』。ボガードと谷洋子

第四章　スパイ映画でもうひと花

ケネス・モア、タイナ・エルグ主演の『三十九階段』(59)は、A・ヒッチコック『三十九夜』のカラー・シネスコ版リメイク。これは元版に劣らぬユーモアとサスペンスのバランスがうまく取れた佳作となった。本作を観るとラルフの本質は、ヒッチコックばりのユーモアを交えたサスペンスにあるように思えてくるが、興行的にはコメディ路線の方がウケるようで、マイケル・クレイグ、アン・ヘイウッド主演『上と下』(59)が次作。これは主人公夫妻が雇う歴代家政婦との騒動が描かれ、ミレーヌ・ドモンジョ、クラウディア・カルディナーレなど華やかな若手女優陣の登場が楽しい快作。マイケル・クレイグ主演『恋の体温計は40度』(60)は、『ドクター』シリーズの一篇。この間、リリー・パルマーの修道院長が、伊の独軍収容所からユダヤ人の子供たちを脱出させる『戦塵未だ消えず』(60)で、第二次大戦秘話を熱っぽく描くなど職人監督としての器用さを見せた。

『007』シリーズのヒットにより世は一躍スパイ・

ブームとなり、ラルフも盟友D・ボガードと組んだ巻き込まれ型スパイもの『地獄のガイドブック』(64)を監督。チェコを舞台に、共産側のスパイだが恋は強しと寝返ってボガードを救うシルヴァ・コシナがセクシー。続く『キプロス脱出作戦』(65)は、50年代初頭のキプロス独立を巡る英国情報局員D・ボガードとゲリラ幹部ジョージ・チャキリスに、米国娘スーザン・ストラスバーグが絡むメロサスペンス。ゲリラ側が匪賊的に描かれるのは、英国的政治バランスというやつか。

『地獄のガイドブック』。リチャード・ジョンソンとシルヴァ・コシナ

『キッスは殺しのサイン』(66)は、ヒュウ〝ブルドッグ〟ドラモンドが活躍するスパイもので、ハーマン・C・マクニールの原作を大幅に脚色。ジャック・ブキャナン、ロナルド・コールマン、ジョン・ハワード、ロン・ランデル、トム・コンウェイ、ウォルター・ピジョンらが歴代ドラモンド役者で、中でも美髭を蓄え英国紳士然としたR・コールマンが最大のハマリ役であった。本作のリチャード・ジョンソンは、何と第12代目のドラモンド役者ということになる。スパイブームの折ゆえ、ドラモンドも探偵からスパイへと職業チェンジされている。だが本作の真の主役は、ビキニ姿の女殺し屋コンビのエルケ・ソマー&シルヴァ・コシナで、R・ジョンソンは彼女たちにすっかり食われてしまった。作品はヒットし続篇『電撃!　スパイ作戦』(69)が製作されたものの、ダリア・ラヴィ&ベバ・

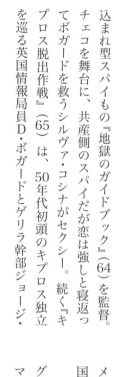

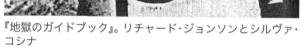

ロンカーの新殺し屋コンビにあまり魅力がない上、脚本も演出も投げ槍な駄作でシリーズも打ち止めとなった。この間、豪の人気作家ジョン・クレアリーのスパイもの「スコビー・マローン」シリーズの映画化『群集の中の殺し屋』（68）を豪出身のロッド・テイラー主演で監督。ポリテイカル風味を加味したニュータイプのスパイものとして期待されたが、結果は芳しくなかった。その後も、ジョーン・コリンズ主演の異色の恋愛もの『愛を求めて』（71）など79年まで監督を続け、２００１年、86歳で大往生を遂げた。

（だーてぃ・くどう）

【フイルモグラフィ】

Once Upon a Dream, Helter Skelter（以上49）
The Clouded Yellow, Trareller's Joy（以上50）
Appointment with Venus（51）
A Day to Remember、犬とダイヤモンド、The Real Thing（短篇）（以上53）
ドクターの家、Mad About Men（以上54）
潜水艦隊帰投せず、わたしのお医者さま（以上55）
ロマンス・ライン、スピードを盗む男（以上56）
Doctor at Large、キャンベル渓谷の激闘、二都物語（以上57）
風は知らない（58）
三十九階段、上と下（以上59）
戦塵未だ消えず、恋の体温計は40度（以上60）
No Love for Johnnie, Carry On Regardless（ジェラルド・トーマス共同）、No,My Darling Daughter（以上61）
A Pair of Briefs, Carry On Cruising（ジェラルド・トーマス共同）、The Wild and The Willing（以上62）
Doctor in Distress（63）
地獄のガイドブック（64）
キプロス脱出作戦（65）
The Doctor in Clover、キッスは殺しのサイン（以上66）
群集の中の殺し屋（68）
電撃！スパイ作戦（69）
Doctor in Trouble（70）
Percy、愛を求めて（以上71）
The Love Ban（73）
Percy's Progress（74）
A Nightingale Sang in Berkeley Square（79・遺作）

俳句誌の映画特集

堅気の生活のなかで

永井啓二郎

『塵風』（西田書店２０１８年７月刊）

　百均で見かけた俳句誌が「映画」特集だったので拾ってきたら、ホントに拾い物だった。生活のなかで坦々とフィルムに接してきた堅気の人々の、でも俳句を詠むだけあって文章のセンスは確かな人々のエッセイが大半。昭和三十〜四十年代の回想が中心なのも、オレと同時代なんで感情移入も一入だ。地方色が豊かなのも良い。群馬にも電気館ってあったんだ。東映任侠ものとゴダールの二本立てなんて鹿児島は違うな。静岡鹿島の紡績工場地帯で女工さんに囲まれて日活青春もの観るなんて、当時じゃなきゃ味わえないことじゃないか。…等々。〝同時代の体験としての映画〟がつまっている、絶好の特集であった。

　残念乍らインテリの人も混じっていて、上京秀才御下情御視察のメッカ新宿昭和館が大きく取上げられもする。が、其処でポスターを書いていたハピー氏橋の証言により、このコヤのダメな部分がハッキリ記されてしまうのは皮肉だ。巻の入違いがあったり、サイズ違い（スタンダードのレンズがなかった？）があったりしても観客からのクレームは皆無、と。つまり映写はいい加減、客も暇つぶし（ファンじゃない）ということだ。

　オレが特に嬉しかったのは堤靖芳「私の映画日誌　一九七一〜一九七四」。六つ上の根津の人。その高校から大学時代だから、当方は映画にイカレ出した小学校四年から中学一年。もうね、ただただ懐かしいのヨ。ウレシいとこ抓むと…「フィルムセンター」。学生料金七〇円とあるが、オレが行き始めた七五年には倍の一四〇円だったけど、キップは「70円」表示に棒を引いただけで流用されてた。「文芸坐」。学割一〇〇円が七二年に一五〇円、七五年に二〇〇円。この頃のインフレを思い出すね。でも文芸坐は余所が三〇〇円になっても二〇〇円で暫く頑張ってたことも書いてやって欲しかったなあ。「ヤエス観光文化」。洋ピンの観光文化ホールになってから、先輩に「昔はゲージツ映画もやってた」と聞いてびっくり。「千代田劇場」。ここで言及される、ふだん洋画封切りなのに邦画史上の名作二本立てをやったとき、オレ同じ番組行ってます。…てな具合敷で、ここだけ再読三読しちまった。堤兄貴の俳句、是非読まねば。

　ノスタルジーは別にして、篇中の白眉は、長谷川裕「『スーパージャイアンツ』から『むしられた若草』まで」。中学生の分際で白昼堂々成人映画に行く同級生に刺激を受け（？）ピンクを見始めた筆者。中目黒と祐天寺の成人映画館という、番組編成になんの意欲もなく、従って余所の街からファンが遠征してくることもない、地元民向け暇つぶし用映画館が舞台なのがシブい。映画〝狂〟みたいな青臭い連中とは違った、大人の、堅気の感覚が此処にはある。そして〝生活〟しかない、マイナーな街の哀愁も…。

（ながい・けいじろう）

フヰルム温故知新㉝

サイレント映画の輝く星

布村建

デブのアーバックル、Roscoe Conkling "Fatty" Arbuckle。名前だけは中学時代から知っていたが キートンやチャップリンにくらべればマイナーな存在と思い、関心の外にありました。ところが、ある年、youtubeでアーバックル作品の大半が公開されていることに気づき、数本見て驚き、ついでほぼ全作を視聴して脱帽した次第です。

デブ氏はサイレント時代のすぐれたアクターにして演出家でした。所謂モンタージュやカットバックの先駆的実践者であったことも初期の作品を見て初めて気づきました。『国民の創生』のグリフィスが最初というのが映画史の定説で私たちは多年にわたってだまされてきたのです。スタントとトリック撮影を活用した表現手法にはただただ驚くばかりです。こうした映画技法に対する功績にも関わらず、デブ氏は徹底的に無視されてきた。例の事件―駆け出し女優へのレイプ、致死容疑……のせいでしょうか。容疑はタブロイド・メディアの捏造であったことは現在は明らかになっているのですが。

〝デブ〟の元祖?

デブ氏は一二〇kgの巨体をフル回転させての全身的演技と、卓抜した笑いの発想で息つぐヒマなく観客を魅了し、生きるよろこび、つらさ、人間のやさしさとおかしさをスクリーンにぶつけたのでした。時代は一九一〇年代、Good Old days のアメリカ。農家の庭さきには干し草の山。make hay while the sun shines。中学時代の英語授業を思い出します。コニーアイランドの夜は電飾に輝くも、恋人たちのお付き合いは全身体的接触など思いもよらない純情詩集の時代。舞台は何でも屋、鍛冶屋が活躍し、鉄道馬車が走る田舎町、大型コンバイン登場以前の小規模ファームのつつましい日常……。シンプルなハッピーエンディング。あの巨体での吹き替えなしのスタントに挑戦しました。女装の跳びけり、列車から飛び降り……。スタントは舎弟分のアル・セント・ジョン(従兄弟だそうです)もなかなか達者で階段落ちなどお見事。

日本では〝デブのアーバックル〟と呼ばれ、キートンよりも人気があったらしい。ちなみに〝デブ〟という言葉は明治時代にはあまり使われていなかったようで、アーバックルの愛称以後一般化したという説あるも真偽は不明。

サイレント時代の喜劇を代表するのが、アーバックルとチャップリンですが、比較すれば陽と陰、乾と湿、純情と猥雑……。前者は忘れられ チャップリンは永遠の勝者になってしまった。インテリがすきな『黄金狂時代』。最終シーンの芸はドリフターズレヴェルです。氷雪のアラスカへあのスタイルで行くバカバカしさ。かの方がまともになったのは『モダンタイムス』以降でしょう。

反差別の人

牧歌的なアーバックル映画には、当時のチャップリンにない主張があります。店員のデブは黒人女性客にも分け隔てなく丁寧に対応、差別への怒りをストレートに表現したのが『Out west』一九一八(邦題『デブ君の給仕』)という西部劇の傑作です。Hoboとよばれた鉄道無賃乗車流れ者、デブは流れ流れて西部のとある町へ。そこを仕切ってるのが酒場のオーナー兼保安官のキートン。デブ氏は実は名うてのガンマン。酒場に来た悪党どもを一掃、二人は意気統合します。

サルーンでの客の牧童たちの悪ふざけ。黒人のボーイの足元に拳銃を乱射しての乱痴気騒ぎ。そこへ突如現れたるは救世軍婦人将校、アリス嬢一喝。Shame on you!「恥を知りなさい」。黒人蔑視に抗議した、おそらく世界最初のフィルムではないでしょうか？　デブ氏も大いに反省、アル・セント・ジョンの悪漢〝ワイルド・ビル・ヒカック〟を退治して、めでたくゴールイン？と相成ります。ヒカックが死なないのもいい。帽子を撃ちまくって宙に浮かせる曲撃ちも『赤い河』の空き缶撃ちよりもステキだ。

デブ氏は様々な〝生業〟をもった労働者を演じました。農家の作男、ホテルのベルボーイ、肉屋の店員、郵便配達、コックさん……。脱線転覆するも悪気はない。ライバル……多くはアルセント・ジョン……に比べ打算なく純情、そして最後に勝利する。のどかな田園を背景にしたラヴシーンもうつくしい。

コニーアイランドには『これがシネラマだ』のトップシーンでびっくりしたローラーコースターや、豊島園名物のウォーターシュートが。農場の揚水は風車ではなく深いつるべ井戸が登場。洗濯場面、難問スパゲッティの食し方など、生活文化史的にも貴重な絵が多い。

準主役は犬のルークです。野犬捕獲員の手から助けられ、以後忠実な同志となり、幾たびもデブと恋人の危機一発を救う。犬優としては後のラッシーやリンチンチンをはるかに上回る。

あそびの精神が横溢しているシーン

ロスコー・アーバックル

盟友キートンと

をひとつ。『Out west』の本筋とは全く無関係なシーン。デブバーテンは牧童に馬に水をとたのまれ、水の代わりにウイスキーを飲ませます。件の馬はカウンターの下のバーに片足を載せて飲む。馬の千鳥足は他に類例のない見ものです。サルーンの客たち、拍手喝采で〝二人〟を見送る。

キートンの友情

アーバックルはレイプ・殺人容疑によって映画生命を絶たれた。同事件はゴシップ誌記者の捏造をハースト系紙が大々的に報道。被害者の友人女性は要注意人物として検察も証人喚問しなかった。陪審（起訴・不起訴を決める大陪審か）の評決は一分で決まった。陪審員代表は心底からアーバックルに謝罪し、以下のように述べた。「無罪でも氏には不十分である。我々は氏に対して重大なる不正を犯してしまった」。キートン曰く「あれはひどい冤罪だった。私はアーバックルを知っている。彼があんなこと出来る筈がない」マスコミは事件が面白ければ面白いほどよい。いみじくも新聞王ハーストは述懐する。「とにかくアーバックルのことを書けば売れた」。〝事件〟により、アーバックル氏は映画界から追放された形になったが、盟友キートンは『Sherlock, Jr』（『忍術キートン』。再公開題『探偵学入門』一九二四年）の監督に起用。本作でのトリック撮影にはいくら考えても手法が分からないのもある。キートンが観客席から舞台にあがり、スクリーンの中に入ってしまう。これを超えるスペシャル・エフェクトは未だに未見。『漂流』の荒波による救助艇転覆シーン―これはスゴイ……は合成不可能。スタントを起用した実写でしょう。

その後も監督の仕事をこなすようになり、名前を「ウィル・グッドリッチ」に。Will be good（きっと良くなる）をもじったもので、キートンの発案でした。二人の師弟→兄弟仁義はまことにうるわしい。キートンもまた志の高い作家で、オクラホマのインディアンの土地を奪おうとする石油資本と戦う作品を作りました。（The Paleface, 一九二二）。

（ぬのむら・けん）

デジタル時代の映画の画面サイズ

――誕生以来の映画とビデオの関係

内山一樹

現在の映画は、撮影も上映も脱フィルム化を果たし、完全にデジタル化している。「ビスタ・サイズの誤解」（本誌四六号／一七年一一月）以来、六回にわたって映画とテレビ（ビデオ）、そしてパッケージソフトの画面サイズについて語って来たが、今回は、映画とビデオ（テレビ）の誕生からこれまでの関係を振り返り、最後に、デジタル上映される映画の画面サイズを考えてみたい。

映画とテレビ

一九世紀の末、フィルムに撮影された写真映像が動くもの、映画が誕生した。アメリカのエジソンによる一人覗き見式キネトスコープが一八九一年、フランスのリュミエール兄弟による多人数で見るスクリーン投影式シネマトグラフ・リュミエールが一八九三年だ（これまで、多人数で見るリュミエールが条件を全て満たした映画の祖とされて来たが、近年、パソコンやスマホで一人で見る映画が優勢になって来たのでエジソンこそが映画の祖だと言われ始めている）。

テレビ（ビデオ）の始まりも映画と同じ一九世紀の終わり頃だが、一八八四年、ドイツのニプコーによるニプコー板、一八九七年、同じくドイツのブラウンによるブラウン管などの発明が統合されて、一九二七年、アメリカのファンズワースが撮像・受像の全電子化に成功した

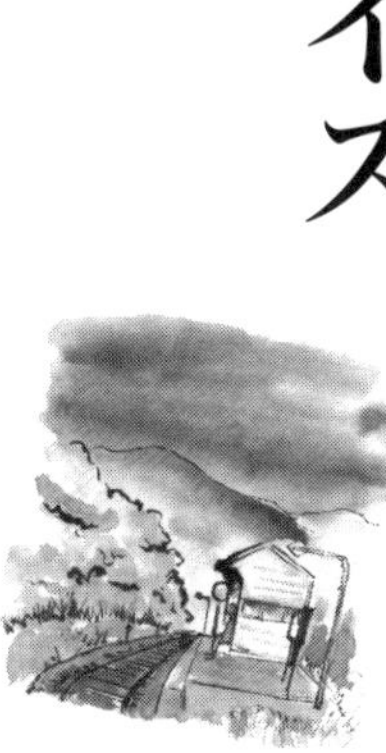

あたりがテレビの一応の誕生と言えるようだ。イギリスやドイツの実験放送、試験放送を経て、一九三九年、アメリカで最初の民間テレビ放送が始まる。

電子映像（ビデオ映像）を記録する手段を持たなかった初期のテレビは記録媒体ではなく通信媒体だった（映像を記録したければ画面をフィルム撮影するしかなかった）。番組の基本は生放送で、ニュースなど記録した映像が必要な場合はフィルム映像（映画）を使った。それだけではなく、一日の番組を埋めるためにテレビは、既にあった大量の映画を放送する必要があった。

フィルム映像をテレビ（ビデオ）映像に変換するため、映写機とテレビカメラが一体となったフィルム・チェーン（フィルム・アイランド）と呼ばれる装置が考案された。大雑把に言えば、フィルム映写機の映写窓からフィルム映像をテレビカメラで直接撮影するもので、一秒二四フレームのフィルム映像を一秒三〇フレームのテレビ映像にうまく合わせるために五枚羽のシャッターが工夫された（この変換を「2-3変換」又は「3-2変換」、3-2 pull down と言う）。これはアメリカや日本のテレビ方式NTSC（エヌティーエスシー）の場合で、一秒二五フレームのヨーロッパのPAL（パル）やフランスと旧ソ連共産圏のSECAM（セカム）では、少ししか違わないのでフィルムの映写速度を一秒二五フレームで回すという方法がとられた（八〇年代から始まるホームビデオ時代の悩みの種、ランニングタイムが短くなってしまうPALマスター問題の始まりがここ）。

一九五三年に放送が始まった日本のテレビ（二月一日にNHK、八月二八日に日本テレビ）でも、ニュースや生放送ドラマの一部にフィルム・チェーンを通したフィルム映像が放送された。

この頃、ワイドスクリーン化以前の映画の画面サイズは一・三七対一のスタンダード・サイズしかなく、真空管から始まったため画面が円形だったテレビ受像機も、映画のスタンダードと同じ矩形の四対三に近づこうとしていた。ブラウン管式テレビ受像機の縦横が直線と言えるようになるのは一九八〇年代以降で、それまでフィルム映像をテレビ画面にぴったりはめることは難しく、周辺部分は犠牲にされた。きちんと映る（矩形が取れる）中央部分を安全フレームと言い、受像機によっては画面の外になるかも知れないが大抵の受像機では見えるアクション・セーフは信号面の中央九〇％パーセント、どんな受像機でもテロップ文字が切れずに見えるタイトル・

セーフは八〇パーセントとされていた。

家庭に普及して映画を脅かす存在となったテレビに対抗してアメリカで映画のワイド化が始まったのは一九五二年の『これがシネラマだ』が最初だ。三本の三五ミリ・フィルムを同時に映すシネラマ（一四六度の強湾曲スクリーンに二・五九対一の映像）は撮影・上映が複雑過ぎて一般化しなかったが、一九五三年九月のシネマスコープ第一作『聖衣』（二・五五対一）とそれに先立つ四月の『シェーン』の拡大映写（一・六六対一）から映画のワイドスクリーン化は世界中に広まった。ワイドスクリーンを四対三のテレビ画面に映す問題については本誌五一号の「ワイドスクリーンをテレビ画面に収める」に詳述した。

ビデオテープとキネコ

一九五六年、テレビの電子映像（ビデオ映像）を記録する装置、ビデオテープ・レコーダー（ＶＴＲ）が、ビング・クロスビーを主な出資者とするアメリカの会社アンペックス社で開発され（開発チームには後にドルビーステレオを生む当時一九歳のレイ・ドルビーも参加）、第一号機ＶＲＸ‐１０００が三月一四日にシカゴで開かれたラジオ・テレビ放送局全国協会（The National Association of Radio and Television Broadcasters）のコンベンションで初披露された。

テレビ局にすぐに採用された最初期のＶＴＲは、オープン・リール、二インチ幅のビデオテープにテレビ映像を記録した。しかし一時停止もスロー再生も出来ず、放送されるテレビ映像をノーマル・スピードで録画・再生するだけだった。映画のような編集も出来ず、どうしても編集が必要な場合は、見た目では何が映っているかわからないテープの該当箇所を見当で切断し、貼り合わせるしかなかった。

二インチＶＴＲは日本でも、一九五八年から各局に導入されたが、一台二五〇〇万円とアンペックス社製の機械自体も高価な上に、使用する３Ｍ社製のテープ（収録時間一時間）は一本一〇万円もした（現在の貨幣価値ではこの一〇倍ぐらいか）。一九六〇年代に入って、機械もテープも国産化されるようになって価格が安くなったと言っても、ビデオテープが高価なことには変わりなく、一本のテープはフィルムでは不可能な上書き録画を繰り返し、二〇回、三〇回と使いまわされるのが普通だった。

当時のビデオテープは放送まで一時的に映像を記録するための媒体で、番組を長く保存する媒体とは誰も考えていなかった。二インチ・ビデオ時代の番組で二インチのまま残っているものは世界的にもごく少数である。テレビの歴史を振り返る番組でよく登場する東京オリンピック（一九六四年）の開会式の映像なども二インチから一インチ、D2、デジタルベータカム、HDCAMと、次々に新しい世代のビデオテープにコピーされて保存されて来た。

国際テレビ・アーカイブ機構（FIAT/IFTA=Fédération Internationale des Archives de Télévision / International Federation of Television Archives）の二〇〇二年の調査では、映像を記録した二インチ・テープは世界中で二二万本残っているが、他フォーマットにコピーされているのはその六割弱とのことである。テープの劣化の一方で、二インチ・テープを再生出来る装置もなくなって来ている。他フォーマットにコピーされていない数万本の二インチ・テープは、このままだと見られなくなってしまう。

二インチ・テープが導入された頃、テープの使い回しで消えて行くビデオ映像を長く保存するためには、キネコが使われた。

キネコとはテレビ（ビデオ）映像をフィルムに写し取ることで、キネスコープ Kinescope の略である（イギリスではテレレコーディング Telerecording と言う）。キネコは、ビデオテープ導入以前にはテレビ映像を記録する唯一の方法だった。

テレビ映像を記録する必要性はテレビ登場の当初からあり、一九三〇年代から研究されていたが、開発が本格的になったのは第二次大戦の終結後である。

フィルム・チェーンとは逆にテレビの受像機を映画カメラで撮影するのがキネコの原理で、一秒三〇フレームのテレビ映像を一秒二四フレームの一六ミリ又は三五ミリのフィルム映像に写し取る（これはNTSCの場合。一秒二五フレームのPALとSECAMではフィルムも一秒二五フレームで撮影）。

東海岸と西海岸の三時間の時差のためアメリカでは、同じ番組を二度放送する必要があり、当初はキネコが使われたが、一九五六年以後はビデオテープと交替した。それ以後、キネコは番組保存の他、海外セールスに利用された。

日本では当時、番組の海外セールスは考えられず、キネコはもっぱら重要と考えられた番組の保存用に使われた。「私は貝になりたい」（一九五八）、「光子の窓・第三〇回・イグアノドンの卵」（一九六〇）、「シャボン玉ホリデー」（一九六四年の第一五一回など六本）などがキネコで残っているが、七〇年代までの生放送やビデオテープ収録の番組で現存しているものは少ない。

ビデオ時代の到来

一九六〇年代に入って、編集の出来る二インチ・ビデオのモデルも登場したが、高価な装置の買い替えは進まず、二インチ・ビデオは、基本的にノーマル・スピードのみの録画・再生装置だった。

一九七六年、アンペックスとソニーの規格を統合した一インチVTRが発表された。オープン・リール、一インチ幅のテープを使う一インチVTRでは、一時停止とスロー再生が可能になり、編集も（アナログ・コピーによる画質劣化は避けられないにしても）自由に出来るようになった。

業務用ビデオが一インチになるのと時を同じくして、二分の一インチ幅のテープをカセットに収めた家庭用のビデオが登場した。ソニーが開発したベータマックスの登場が一九七五年、日本ビクターが開発したVHSの登場が一九七六年である。

ベータ対VHSの規格競争はVHSが勝利した。一九八〇年にはVHSデッキの生産量がベータ・デッキの生産量を上回り、八八年にはソニーもVHSデッキを生産するようになった。カセットも小さく、画質も優れていたベータがVHSに敗れた理由は、VHSの方が構造が比較的簡単、営業力に優れた松下電器が陣営にいたなど幾つか挙げられるが、私見では、標準二時間テープを三倍モードで六時間録画出来たことが一番大きかったと思う。人々は低速録画で画質が落ちてもテレビ番組を切れ目なく長時間録画したかったのだ。

一九八〇年代初めに、一インチ・テープをマスターテープとして映画（それ以外のコンテンツもあるが）を家庭用ビデオカセットに録画して販売・レンタルするビデオソフトの市場も生まれた。

映画のフィルム映像をビデオ映像に変換してビデオテープに記録する装置をテレシネと言い、その作業そのものもテレシネと言う。英語版ウィキペデイアのシンテル社Cintel（イギリスの会社）の項目には一九五〇年にシンテルがBBCのライム・グローヴ・スタジオに最初のフライング・スポット・テレシネを設置したとあるから、テレシネは一九五〇年代に既にあったようだ。しかし七〇年代までの二インチ・ビデオの時代には高価なビデオテープにフィルム映像を記録する意味はあまりなかった。既にフィルムに記録されているフィルム映像はそのままフィルム・チェーンで放送すればよかった。

八〇年代、ホームビデオのマスターテープ作成のためフィルム映像をビデオ映像に変換してテープに記録するテレシネの需要が急増し、放送でもフィルム映像を生で放送するのではなく、二インチほど高価ではなく操作性も良い一インチ・テープに移して放送するようになった。この頃からビデオは映画の領域に侵入し始める。

ビデオで撮影したアメリカのテレビ映画『エンテベの勝利』（一九七六）は、国外、ヨーロッパや日本ではキネコでフィルムに変換して劇場公開された。

TBSの人気番組「8時だョ！全員集合」のプロデューサー、居作昌果《いづくりよしみ》が初監督した劇場用映画『ピーマン80』（一九七九）は全編ビデオで撮影され、キネコのフィルムで上映された（二本立ての併映はアニメ『劇場版エースをねらえ！』）。

『セーラー服と機関銃』（一九八一）の「完璧版」（一九八二）の公開時には、『セーラー服…』と同じ薬師丸ひろ子が主演したTBSのテレビドラマ「装いの街」（一九七九）のキネコ版が併映された。

元はビデオなので収録画面サイズは四対三（一・三三対一）だが、『ピーマン80』は最初から劇場上映を予定しているので一・八五のフレームで構図が決められていたはずである（『エンテベの勝利』と「装いの街」は四対三で上映されるべきだが当時の劇場ではどうだっただろうか）。

しかし走査線一〇〇〇本以下のSD（Standard Definition＝標準精細）のビデオの画質は三五ミリのフィルム映像には遠く及ばず、キネコ＝低画質というのが当時の常識だった。

一九八三年にはソニーがソニー・シネマチックというビデオシアターの規格を作って全国でビデオシアターの展開を図った。プロジェクターはもちろんソニー製でベータのテープにPAL方式で録画再生した（ということはソニー・シネマチックのビデオシアターでは映画が早回しだったのか）。イトーヨーカ堂船橋店内に一九八三年四月二九日にオープンしたシアターを第一号に定員一〇〇人程度のビデオシアター（輝度の関係で大スクリーンには出来なかった）は増えて行き、最盛期には八〇スクリーンほどになったと言う。

筆者も閉鎖間近の鎌倉シネマワールド（一九九五年一〇月一〇日オープン、九八年一二月一五日閉鎖）の施設屋上に建て増しされたビデオシアター（恐らく松下電器と松竹が開発したCINEMA21方式）で『ショムニ』（一九九八）を見たことがあるが、画面の明るさ、精細度など、全ての面でフィルムに劣っていた。

ビデオシアターは広く普及することはなく、ソニーもテレビ放送のHD化とシネコンのデジタル上映が進み始めた二〇〇四年には撤退を発表した。

映画製作とビデオ

『2001年宇宙の旅』（一九六八）の宇宙船ディスカヴァリー号の居住区、巨大な遠心機のセットの中には俳優以外は入れなかったので、キューブリック監督は七〇ミリ・カメラの脇に付けられたテレビカメラの映像をセットの外のモニターで見て演出した。当時、これはクローズド・サーキット・テレビとか閉鎖回路テレビなどと呼ばれていた。当時の二インチ・ビデオテープでの録画はしていなかったと思われるから、OKテイクのチェックのためのプレイバックは行われていなかっただろう。

一インチ・ビデオテープの導入で、ビデオ編集は一般化し、フィルムに比べて格段に便利なビデオ編集が映画編集に取り入れられる。コッポラ監督の『地獄の黙示録』（一九七九）はその初期の例だろう。撮影した素材のフィルム映像をテレシネしてタイムコードを付け、ビデオで編集する。編集が決定したらタイムコードを頼りにネガ・フィルムを実際に編集する。ビデオ編集なら短いカットの連続も多数の素材が幾つも重なるオーバーラップも、その場ですぐに行い（当時は今のようにハードディスクではなく別のテープに記録する）、結果をフィルムのように現像を待つことなく即座に確認することが出来る。『地獄の黙示録』では、オプチカル・プリンターでは指示と確認が大変な複雑なオーバーラップの連続にビデオ編集ならではの感を抱いたものだ。

フィリピンでオール・ロケした『地獄の黙示録』は台風に襲われて予算とスケジュールに甚大な被害を被った。コッポラは次作『ワン・フロム・ザ・ハート』（一九八二）を今度はオール・セットで撮影した。その上、フィルム・

カメラの脇にビデオカメラを付け、ソニーのベータ・デッキとモニターを何台も搭載したバン〈シルバーフィッシュ号〉をスタジオの外に駐車し、その中から、ビデオ映像を見て、マイクとスピーカーを通じて指示し、演出しようとした（幾つかのシーンは実際にそうしたようだ）。

製作費のかさんだ『ワン・フロム・ザ・ハート』の興行は大失敗に終わり、コッポラは自分のゾーイトロープ・スタジオを手放すことになる。彼の進めようとした〈エレクトロニック・シネマ〉もそこで頓挫してしまった。

しかし、一九九〇年代の末、フィルム撮影時代の最後の頃には、監督は、本体のフィルム・カメラに付けられたビデオカメラの映像を通して演出し（モニターは画面に写りこまない離れた場所に置くことが出来る）、テープに録画した映像をプレイバックして確認してOKを出す、ということは普通になっていた。

伊丹十三監督の『タンポポ』（一九八五）のメイキングには、ビデオモニターを見て演出する監督が映っている。この作品あたりがビデオアシストの最初期の例だろう。

八〇年代に生まれたビデオソフト市場の一部であるアダルトビデオ（AV）も急速にレンタルによる売り上げを伸ばし、その影響でにっかつ（七八年に日活から社名変更。九七年に再び日活に戻す）が製作・配給する成人映画、ロマンポルノの客足は落ちる一方だった。対抗策としてにっかつは演技ではなく、AVと同様、実際に性行為を行う〈ロマンX〉シリーズを一九八五年九月七日公開の『箱の中の女 処女いけにえ』『タブーX倒錯』の番組からスタートさせた。〈ロマンX〉はフィルムではなくビデオ撮影、キネコ上映である（このテコ入れでもロマンポルノの観客減少は止まらず、さらに過激を謳った〈ロマンXX《ダブルエックス》〉は八七年一一月二一日公開の『い・ん・び』『制服くずし』の一番組しかなく、八八年六月一一日公開の、これは旧作アンソロジーなのでビデオ撮りではないが『ザッツ・ロマンポルノ 女神たちの微笑み』でロマンポルノは一七年の歴史の幕を閉じることになる）。

撮影をビデオで行うことは、SDの画質では映画に対抗することは出来ず、ビデオ撮りは低画質と同義だった。一九九〇年に国際的な規格がまとまった走査線一〇〇〇本以上の高画質ビデオ、HD（High Definition＝高精細）で撮影する試みが九〇年代に入って現れて来る。

俳優のボブ・ホスキンスが監督した『レインボー』（一九九五。日本ではビデオのみ）や中国の厳しい監視の目をかいくぐってチベットで撮影された『風の馬』（一九九八）などが発達段階のHD撮影の最も早い例だ。日本でも内田有紀主演の『花より男子《だんご》』（一九九五）がHDで撮影されフィルムに変換されて上映された。これは実際に劇場で見たことがあるが、三五ミリ・フィルムの画質にはまだ及ばないように見えた。

HDの画面サイズは一六対九（＝一・七八対一）だから、映画のいわゆるビスタサイズ（一・六六対一、一・七五対一、一・八五対一）と大きく違わない。ビデオがフィルムに代わる時代はもうすぐだった。またSDからフィルムへの変換はキネコだが、HDからフィルムへの変換は画質の悪いSDのキネコと区別してフィルムレコーディングと言われているように思う。

製作と上映のデジタル化

HDと並んで、ビデオ映像を構成する画素（ピクセル）の一つ一つをコンピューターで制御することでカメラなしで映像を作り出すCG（Computer Graphics。英語では CGI=Computer Generated Image と言う方が普通）も、コンピューターの進歩に伴って八〇年代になると急速に発達して来る。

長編劇映画へのCGの導入は『トロン』（一九八二）が最初とされているが、CGで描かれるのはアニメ的なゲームの中の世界で、複雑で細かい描写はなかった。その後、『アビス』（一九八九）の表情を持って形を変える水、『ターミネーター2』（一九九一）の変身する液体金属サイボーグ、『ジュラシック・パーク』（一九九三）の白昼の野外を歩く着ぐるみでもミニチュアでもない巨大な恐竜、『フォレスト・ガンプ』（一九九四）の虚構の主人公と歴史上の人物の共演、とCGは急速に映画製作に取り入れられ、九〇年代末には、世界中の映画でCGは当たり前のものとなり、二一世紀に入るとCGを全く使わない映画の方が珍しくなった。

CG処理のためにはフィルム映像をテレシネ、あるいはスキャンニングでデジタルに変換し、デジタルの世界で様々に映像を加工する。加工後、フィルムに戻された映像は、もはやフィルム映像ではなくデジタル映像である。

実写の一部ではなく画面全部がCG、セル画の代わりにCGを使うCGアニメも長編CGアニメ第一作『トイ・ストーリー』(一九九五)の大ヒットの後、『アンツ』(一九九八)、『バグズ・ライフ』(一九九八)と、続々と作られるようになり、セル・アニメと入れ替わる。

ジョージ・ルーカスが指揮を執る『スター・ウォーズ』シリーズの四作目『スター・ウォーズ エピソード1/ファントム・メナス』(一九九九)は、フィルム撮影が一部あったが、デジタル技術の進歩でフィルム撮影と遜色ないほどになったHD撮影を本格的に行っただけでなく、上映の方でも、ロサンゼルスとニューヨークの二館限定で、デジタル・データをテキサス・インストゥルメンツ開発のDLPシネマ・プロジェクター(DLP=Digital Light Processing)でデジタル・データのまま上映した。

シリーズ五作目で全編HD撮影第一号となった『スター・ウォーズ エピソード2/クローンの攻撃』(二〇〇二)では、デジタル上映しか認めないとルーカスは言ったが、まだフィルム上映の劇場の方が多かったので、ルーカスの言葉通りにはならなかった。

撮影に続いて上映のデジタル化も進む中、二〇〇二年、ハリウッドのメジャー七社(ディズニー、フォックス、MGM、パラマウント、ソニー、ユニバーサル、ワーナー)はDCI(=Digital Cinema Initiatives デジタル・シネマ主導)という組織を作ってデジタル・シネマの規格標準化を図った。二〇〇五年にDCP(Digital Cinema Package デジタル・シネマ・パッケージ)の規格がまとまり、この規格が世界中に普及した。

シネコンを設立・運営するTジョイ(東映グループ)は、二〇〇〇年の創立当初からデジタル・シネマの導入に熱心で(DCP以前の当時、日本ではデジタル上映をDLP上映と言っていた)、新宿東映会館の跡地に二〇〇七年二月九日にオープンしたバルト9は九スクリーン全てがデジタル上映対応を売り物にした。

史上一位の興行収入を挙げた『タイタニック』(一九九九)のキャメロン監督の次の作品、『アバター』(二〇〇九)は『タイタニック』を抜いて新たな興収一位を記録した。

『アバター』は3D映画で、本来の3D版でなければ作品の本当の面白さは味わえない。

3D映画は五〇年代と八〇年代にブームになったが、フィルムによる3D映画の上映は通常の2D映画に比べて複雑なため、ブームは二回とも大きくは広がらなかった。デジタル上映の3D映画はフィルムに比べれば映写ははるかに簡単で、『アバター』の3D版はデジタル版だけだった。

3D映画『アバター』の大ヒットを見てハリウッドはヒットする3D映画を次々に製作・公開し、3Dを上映出来る映画館のデジタル化を後押しした。

「キネマ旬報」各年の決算号によると、日本のシネコンのデジタル化は、二〇一〇年に三四一二スクリーンのうち九五四で二八パーセントだったが、二〇一一年には、三三三九スクリーンのうち一九六八で五八・九パーセントと過半数を超え、二〇一二年には三二九〇スクリーンのうち二八〇〇と八五・一パーセントになった。

二〇一三年にはパラマウントが、一二月公開の『ウルフ・オブ・ウォールストリート』をデジタルでしか配給しないと発表する（皮肉にもこの作品はフィルム撮影）。実際は世界的にはこれは時期尚早で、デジタルのみの配給はアメリカとカナダだけだったようだ。しかし、メジャー各社もこれに続き、今や新作映画の上映素材は、世界中でDCPが標準である。

デジタル上映の画面サイズ

デジタル映画の上映システム、DCPの規格を確認しておこう

DCPにはフラットとスコープの二種類がある。

フラットはFLATで、画面サイズは一・八五対一。フィルムのフラット・ワイドスクリーンの〝フラット〟から来ている。フラット・ワイドスクリーンは、日本でいうビスタサイズで、代表的な一・八五対一の他、一・六六対一、一・七五対一などがある。フィルムの場合は、スタンダード（一・三七対一）の上下をマスクし、その分、拡大映写してワイドとしている。

スコープはSCOPEで、画面サイズは二・三九対一。アナモフィック・レンズで画面左右方向の圧縮と伸張を行うフィルムのアナモフィック・ワイドスクリーンの代表、シネマスコープとそれと同様の幾つもの××スコープの〝スコープ〟（二・三九対二）から来ている。デジタルでは左右の圧縮・伸張は行わず、映像は正像のまま記録されている。

フラットの画素数は、2Kが一九九八×一〇八〇、4Kが三九九六×二一六〇（どちらも一・八五対一）。スコープの画素数は、2Kが二〇四八×八五八、4Kが

四〇九六×一七一六（どちらも二・三九対一）。

ＤＣＰのフルの画面は一・九〇対一で、２Ｋの画素数は二〇四八×一〇八〇、４Ｋの画素数は四〇九六×二一六〇となる。フラットとスコープはこのフル画面の左右や上下を一部マスクすることで一・八五対一と二・三九対一のサイズを作り出している。ワイドスクリーン以前の旧作などのスタンダードサイズ（一・三七対一）の映画をＤＣＰにした場合（当然、フラット）、２Ｋの画素数は一四八〇×一〇八〇、４Ｋの画素数は二九五九×二一六〇になる計算である。また二〇〇八年に登場したＩＭＡＸデジタル・シアターの画面サイズは一・九〇対一で、ＤＣＰのフル規格の画面サイズと合致する。

シネコンのスクリーンに幕は最初からなかったが、デジタル上映になってさらにカットマスクがなくなった。カットマスク、あるいはバリマスク(variabl mask から?)とは、スクリーンを覆う、光を反射しないカバーである。スコープサイズ（二・三九対一）用のスクリーンにビスタサイズ（一・八五対一）の映画を映す時、マスクを狭めて映像の映らない左右のむき出しのスクリーンを覆い、ビスタサイズの映像がくっきりと縁どられるようにするのだ。この場合、マスクは左右に動くが、シネコンによくあるビスタのスクリーンにスコープの映画を映す場合には、マスクは上下に狭まる（本来、スコープはビスタより横長で大きくなければいけないからこれは好ましいことではない）。

フィルム時代にはカットマスクは不可欠だった。フィルム膜面の映像に焦点を合わせると矩形の輪郭線はフィルムの厚みの分、ボケる。輪郭線に焦点を合わせると映像がボケてしまう。映像に焦点を合わせ、矩形の映像の上下左右をくっきりとさせるにはカットマスクで覆うしかなかったのだ。

デジタルの上映ではフィルムの厚みは関係ない。矩形の上下左右の輪郭線は映像と同じで、映像に焦点を合わせれば、輪郭にもくっきりと焦点が合う。

ならばもうカットマスクは必要ないだろう、と言うのがシネコンの判断だった。画面サイズに合わせてカットマスクを動かすという作業を省略できて効率も上がる。何も映っていないスクリーンは、スクリーン周囲の光を全く反射しない黒い枠と違って、闇の中で僅かに浮き上がる。映像の矩形の外にスクリーンの矩形が見えてしまう。カットマスクで区切ったフィルム映写を見て来た老いた観客にはこれが嫌でしょうがないのだが、今の観客は気にしていないようだ。

ＤＣＰになって、作り手の意図したサイズと異なるサイズで上映される間違いはなくなった。一・六六でも一・七五でも、一九七〇年以前のスコープサイズの二・三五でも、収録されたデータがそうなっていれば間違いなくそのサイズで上映される。ただしカットマスクのなくなったスクリーンがここでも問題になる。フラット（一・八五）がフラット用、スコープ（二・三九）がスコープ用のスクリーンに映されていれば一・八五や二・三九では映像の映らない部分はないが、一・六六や一・七五、二・三五では、フラットやスコープの枠の中に映像のない部分が生じ、上映の際に上下あるいは左右に僅かに浮き上がる黒帯が見えてしまう。

『ラ・ラ・ランド』（二〇一六）の画面サイズは、チャゼル監督のノスタルジアか、初期シネマスコープと同じ二・五五対一である（初期のシネマスコープは音声が磁気トラックのみなので光学トラックがない分、映像が横に広い）。この作品はヒットしたのでシネコンの大きなスコープ用スクリーンでの上映を見たが、上下の薄い黒帯の部分がやはり目障りだった。

×　　×　　×

デジタル化したシネコンでは映画以外の映像も映されるようになった。これを（日本だけの用語のようだが）非映画デジタルコンテンツ、ＯＤＳ（Other Digital Stuff, Other Digital Source）と言う。二〇〇五年から松竹が始めた「シネマ歌舞伎」（歌舞伎の舞台をＨＤ収録）はその早い例で、「キネマ旬報」決算号ではその九年後、二〇一四年版から新たにＯＤＳの項目が立てられている。ＯＤＳには収録と中継があり、コンサート、スポーツ中継、演劇、お笑いライブなど、特に中継（ライブ・ビューイング）が多くの観客を集めている。これはつまり映画館で見るテレビ放送である。

映画館、テレビ放送、パッケージソフトで、それぞれに合わせた素材の若干の調整の違いはあるにしても、今や映画とビデオの映像には区別がなくなり、別のものと思われていた映画とビデオは融合した。いや、全てはビデオ映像になったのであり、フィルム映像はビデオ映像に吸収されたと言うべきなのだろう。

＊本稿の情報源は主にネット上の情報（日本語・英語のウィキペディア、ＩＭＤｂ、企業のＨＰなど）だがクロスチェックして出来るだけ信頼性を確認するよう努めた。

（うちやま・かずき）

DCPのサイズ

FLAT = 1.85×1

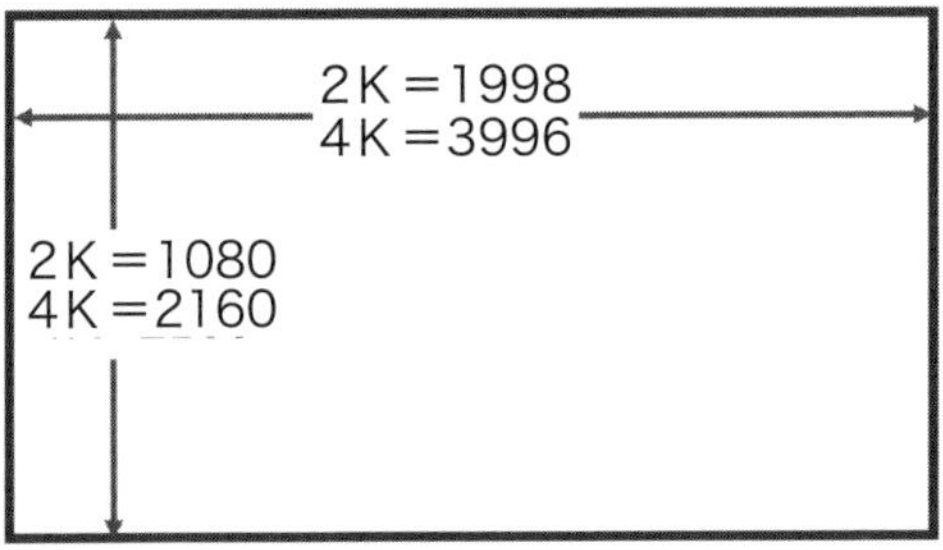

SCOPE=2.39×1

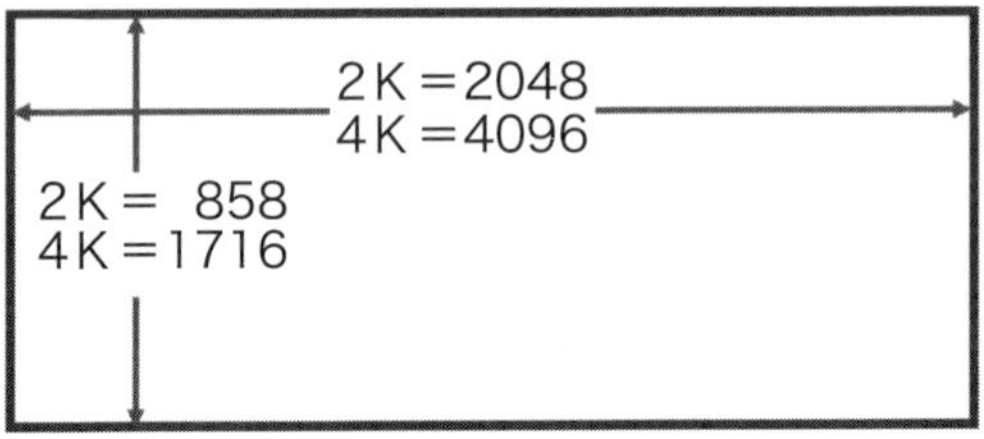

FULL = 1.90×1

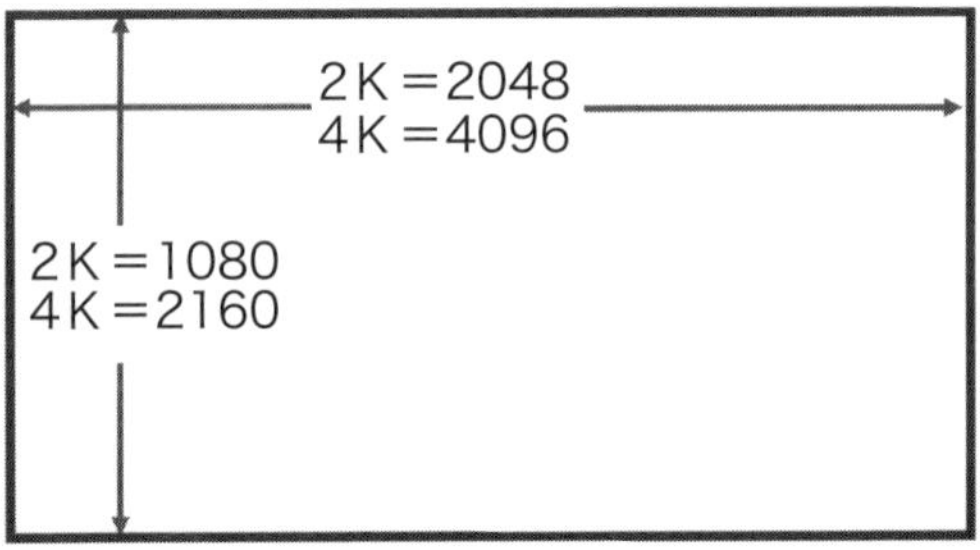

フラット (FLAT) とスコープ (SCOPE) の画面はフル (FULL) の画面から作られる。枠内の数字は2K と 4K の画素数。HD テレビ(16×9=1.78×1) は横が 2K=1920、4K=3840、1.75 ビスタは 2K=1890、4K=3780、1.66 ビスタは 2K=1792、4K=3586、スタンダードは 2K=1480、4K=2959 となる(いずれもフラットで縦は全て 2K=1080、4K=2160)。スコープの 2.35 サイズは横は同じで縦が 2K=871、4K=1743 となる。

脚本家・水木洋子のXYZへの道⑦

ねばり腰

奥薗守

一九五三年、日本テレビが本放送を開始してテレビ時代が幕を開け、テレビ、冷蔵庫、電気洗濯機が〝三種の神器〟としても持て囃された。〝三種の神器〟とは、本来は日本の歴代天皇が継承してきた「鏡」「剣」「玉」の三種の宝物である。この三種の宝物に因んで、豊かさや憧れの象徴として、当時は電気洗濯機が喧伝されたのである。

　しかし、電気洗濯機とはどのようなものか、多くの庶民は知らなかった。そこで、市川市八幡駅前の山口ラジオ店の店主は、電気洗濯機を宣伝するために、店頭に出して実演して見せた。店頭には、はじめて見る製品に黒山の人だかりとなった。だが、庶民には高嶺の花である。実演が終わると、これまで見ていた主婦はパッと散っていった。

　ところが、「それ、頂戴」と言った四十代の主婦がいた。当時としては、珍しいカートを引いていた。店主はまさか売れるとは思っていなかったので、「ハァ？」と、聞き返した。「それ、頂戴」と言ったのは、水木だった。

　「私は何処を歩いていても、普通の人と変わりない。書く女などとは少しも気がつかれないのが好きだから、『そういう気どりは、まっぴらごめんです』と言うのだが、これは内心、ものを書くという肩身の狭さを隠したい気持ちから出発しているのである」と水木は言う。そして、「とんだ道に踏み込んだものと多少の後悔を繰り返しながら、今日まで来てしまった」と。それは、水木の育った境遇、時代、そして、女の生き方として受けた風あたりの強さが、知らず知らずに女のくせに何かいけないことをしているような肩身の狭さを持つようになったのではないかと、自己分析している。

　しかし、水木の自己分析は建前と本音を使い分けている。というのは、女学校の入学試験で将来の希望を聞かれ、「いいお母さんになります」と答えている。別になりたいと思ったわけではない。小学校の校長が朝礼のとき、常に良妻賢母を口にしていたからである。しかし、特殊技術を身につけなさいという担任の先生の教えは忘れなかった。女学校を卒業するころ、速記者になろうと規則書を取り寄せたこともあった。結果は、好きな芝居の道を選んだのである。

　ともあれ、このときから山口電気店主との付き合いが始まる。

　ルームクーラーも、夏が終われば梯子をかけて、家の外にビニールを被せてくれるし、テレビも電話一本で朝夜とわず車をとばして来る。電蓄もまた然り、扇風機やアンカ類は季節が終わると、気をきかして油さし、掃除して取りにくる。主治医と同じである。（「電波新聞」一九六二年一一月二〇日）

　この年、水木の書いたシナリオが五本も封切られた。そのなかの一つに、『ひめゆりの塔』がある。封印され、大映の金庫のなかに眠っていた『ひめゆりの塔』の企画を東映に持ち込んだのは、伊藤武郎プロデューサーである。

東映の大川社長は「沖縄で日本軍が全滅する暗い映画なんて、観客はソッポを向く。当たらないから駄目だ」と断った。

しかし、伊藤は幾度となく訪れては、『ひめゆりの塔』の話を持ち出した。

大川社長の心を動かしたのは、「津島恵子と香川京子を出演させれば、映画は必ず成功する」と言った、伊藤の言葉だった。

当時の津島恵子は、松竹のドル箱スターだった。『安城家の舞踏会』（新藤兼人脚本、吉村公三郎監督）でデビューしてから、『君待てども』（池田忠雄脚本、中村登監督）、『悲しき口笛』（竹田敏彦原作、清島長利脚本、家城巳代治監督）、『長崎の鐘』（永井隆原作、新藤兼人脚本、大庭秀雄監督）、そして『お茶漬の味』（野田高梧・小津安二郎脚本、小津安二郎監督）などに立て続けに出演し、絶大な人気を誇っていた。雑誌「平凡」が行った人気投票では、二年連続して一位であった。

「津島が借りられるんだったら、やろうじゃないか」。大川の言葉に、伊藤は〝将を射んとすれば、まず馬を射よ〟の格言に従って、津島の実家がある長崎に飛んで父親に会った。

伊藤は父親に、『ひめゆりの塔』の意義を説明したことによって賛同を得た。そして、津島恵子と共に松竹に行った。彼女が重役たちの前で「私はどうしても、東映の『ひめゆりの塔』に出たいのです」と毅然と言い放ったとき、伊藤は感動したという。

大川社長は『ひめゆりの塔』の映画化にGOサインを出した。それによって、再び水木の資料集めがはじまった。

当時の沖縄は、アメリカの占領下にあってやたらと行けなかった。従って、聞き取り調査をはじめる。第二高女の白梅部隊の生き残りの方の話や生徒の手記。沖縄で入院していた兵隊の話。沖縄から来日した人がいれば会いにいき、病院壕の状況や進撃コース、ひめゆり部隊の勤務、足取りなどを探り当てていった。

しかし、同じ地点で雨が降っていたという人がおれば、降っていないと主張する人もいる。同じ日で同じ地点でも時間が少しズレると、激戦の最中など特に一律ではない。水木は群像の一人一人の行動を縦横の線の図式表をつくり、何月何日何時、誰は何処で何をしたかを区分して、群像の処理にあたった。

水木は、「性格づけもタイプも活き活きと目に浮かぶようになって、やっと執筆にかかった」と言う。一人一人の顔が見えてきたというものの、暑さにうだりながら書いては破り、書いては破りで筆は進まない。三百三十枚のシナリオを書き終えたときは、七月の終わりだった。

沖縄ロケは許されず、セミ・ドキュメントを狙った今井監督の撮影条件とは合わず、すぐに撮影に入れなかった。そこでオープンセットが建てられたが予算は減らされ、予定の三分の一くらいの規模となった。ロングを撮ろうとすると後ろの街が写る。従って、狭い範囲でカメラを限定せざるを得なかった。

予定していた十二月四日封切りには、到底間に合わない。会社はスケジュールを急ぐので、プロデューサーの伊藤は山本薩夫と関川秀雄の両監督に頼んで別荘を組み、戦闘シーンを撮って貰った。ところが、ラッシュを観た今井はそのシーンが気に食わず、自分で撮りなおしたのだ。撮影はトラブルも重なって遅れに遅れた。もうこれ以上延ばせないところまで来ると、朝九時から夜中の三時までの強行撮影となった。

撮影は過酷を極める。出演者がセリフをいうとき氷を頬ばらした。というのは、沖縄は暑いのに白く吐く息が出ては芝居がぶち壊されるからだ。壕から壕への移動シーンは、消防ポンプで水をまいて雨を降らせた。全員ビショ濡れ、出演者もスタッフも悲鳴をあげた。

津島　それでも何にも言わないでやっていますでしょう、みんな……。
水木　珍しいことだといっておりますね。
香川　ほんとに珍しいと思います。
水木　愚痴が出るものですけれどねェ、強行では。私は誰か病気にならなければいいがと思って――爆発のシーン、怪我人がでなければいいと思うけど。
津島　でも私たちは、どんな苦労してもこのお仕事は真剣ね。
香川　ええ、ほんとうに真剣ね。
津島　普通の仕事でもそれはチャランポランやっているわけではありませんけど、やっぱり意気込みというか、気持ちが違いますね。それに今井先生に演出して頂くの、はじめてでしょう。とても楽しいわねェ。
（「婦人公論」座談会〝ひめゆりの塔の下、はく息は白く〟一九五三年二月号）

連日の徹夜作業で、映画が封切られたのは一月九日である。

「何しろ話がとても暗いといっちゃ変だけど、爆撃と戦争の連続の映画だから、観客がついてゆけるかどうかとても心配なんです」と語った今井だったが、その心配をよそに連日映画館は大入り満員となった。興行収入は一億八千万円を越える空前のヒットとなり、他社正月作品を圧倒した。

大黒東洋士は、『ひめゆりの塔』は近来になり力作であると評した。


シナリオでは女学生が一人一人に至るまで、こまかな注意が払われている。そうしたところから集団的な性格、行動を浮き彫りにして、痛ましい最期ととげる集団の悲劇が描かれる。だから登場人物が非常に多いが、それがその他大勢といった類ではなく全部の人物一人一人が大事に扱われている。作者は最初からそれを意図したものだろうが、こんな異色ある脚本は珍しい。作者の苦心が滲み出た脚本といえる。

この脚本は、女性ライターには女性的な感覚を持った作品を、という概念を破ったものだ。登場人物の中印が女学生群だから、これも一種の女性映画といえないことないが、ここに描かれているものは、もっと厳しいものがある。逞しい筆力と構成力には、今までの女性ライターには見られない粘りと重量感がある。これは水木洋子の一歩前進を示す作品だ。（「映画芸術」一九五二年一二月号）

読売新聞は〈水木洋子の繊細なシナリオ構成、今井正監督の重厚によどみない演出処理は、二時間の長さを巧みに、無駄なくこの悲劇を語り続けた〉そして、〈話の中心となる非戦闘員〝ひめゆり部隊〟の悲劇の挿話もことさらめいたものがある。水木洋子の女らしい神経で素直に書かれているだけに、感銘も一層深いものがある〉と、評した。

朝日新聞は〈注目すべき力作。全編にみなぎる詩情〉の見出しに、〈期待に背かぬ力作が出来上がった。戦後公開されたイタリア映画の迫力よりも優れ、しかも、その底に今井正演出は全編にわたって詩情をみなぎらせている。二時間を越える長さを、いささかもユルミなく引っ張っていく。母にあまえ夢のような考えを抱いている年頃の女学生が、戦場の真っ只中に放り込まれて生きて行こうともがいている姿、作者は誇張せず誠実に描いている〉と。

大阪新聞は〈万人必見の名作〉と言い切って、〈これは今井正監督の作品としても、日本映画のレベルからいっても最高の秀作であり、本年度のベスト首位を約束する近来稀有の立派な作品である〉と。

その他、〈集団的な性格、行動を浮き彫りにし、痛ましい最期をとげる集団〉、〈全部の人物一人一人が大事に扱われている〉〈苦心が滲み出た脚本〉。すべてが、水木の狙いをくみ取った評である。

なにはともあれ、『ひめゆりの塔』は大当たりして、傾きかけていた東映の経営の立て直しに貢献したのである。東映系の映画館の新聞広告は、〈超満員御礼　全日本人必見の問題作〉とか〈今や全国民の話題はこの一作に集中された。お見逃しなきよう〉との文字が躍っていた。

同じ月、成瀬巳喜男監督で井手俊郎との共同脚本によるオリジナルシナリオの『夫婦』が封切られた。

そして、三月。水木は菊池寛賞を受賞した。

〈女性のシナリオ・ライターなるものは、世界でもあまりいないようだが、日本では水島あやめ、鈴木紀子などが記憶に残っている程度である。これに引換え男性ライターの方は掃いて捨てるほどいる。その男性に与えられずに、水木女史に栄冠が授かったのだから、女性にしてシナリオ・ライターを志すほどのものは、大いに意を強くしてよいかもしれない〉（「週刊朝日」一九五三年三月十八日号）

水木の執筆は勢いづき、五月には千葉泰樹監督で、井手俊郎との共同脚本による『愛情について』が封切られた。

『愛情について』のあらすじは、夫の急死で一人娘を連れて路子（山根寿子）は実家に帰る。実家には兄夫婦を中心に、母親（滝花久子）と妹（杉葉子）がいる。兄はささやかな電気屋であり、子連れの路子は遊んでいるわけにはいかない。セールスマンやマネキンなどいろいろ職を求めて歩くが、生活の安定は得られない。しかし、やがて周囲のひとびとから温かい愛情にまもられ広津（三國連太郎）と結婚して新しい人生の船出をする。

この映画のねらいを水木は、『女は三界に家なし』ということで、未亡人にみせるということより周囲のひとびとに見てもらいたいと思っているんです」と語り、さらに「子供を抱えて働いて行けるんなら、独身でやっていけばよいというのは間違いじゃないかと思うんです。生活力はあってもやはり結婚するのが、本当の男女同権にもなると思うんです」と。

つづいて八月、成瀬監督の『あにいもうと』（室生犀星原作）が封切られた。子の原作は、東宝の前身であるPCLで「兄いもうと」（江口又吉脚本、木村荘十二監督）として映画化されている。これは、時代を越えた激しい愛情表現がテーマとして原作に盛り込まれているからだろう。

『あにいもうと』拝見しました。脚本のみごとさ今さらながら驚きいりました。構成のたしかさ、セリフの弾ませ方、主題の深い読み、久しぶりに「いい日本映画」見せて頂きました。

水木の許に届いた、映画評論家・荻昌弘からの葉書である。映画界に入ってわずか五年にして、押しも押されもしないシナリオ・ライターの地位を水木は築いたのである。

ところが、『あにいもうと』が封切られた翌月、松竹、東宝、大映、新東宝、東映の五社は、各社専属の監督、俳優の引き抜きを禁止し、俳優の貸し出しの特例も禁止する五章十五条からなる「五社協定」と呼ばれる申し合わせを作成した。

五社にとって最大の関心事は、日活が製作を開始するという情報にあった。つまり、「五社協定」は、手持ちのスターや監督が日活に動こうとするのを未然に防ぐ防止策だったのである。

森岩雄がはじめに作成した草案には、〈共産党及びその同調者を一切使用しないこと〉という条項があった。しかし、その草案はそれぞれの会社の利害が一致しなかった。

今井監督の『ひめゆりの塔』で経営を立て直したともいわれている東映にとっては、一切使用しないなどとんでもないことである。一方、松竹にとって今井は、憎き監督であった。なぜなら、津島恵子は今井監督の『ひめゆりの塔』に出演したいと、退社も辞さない態度で申し出た。そこで、止むなく許可すると、その撮影は三カ月以上かかったのである。松竹は彼女に用意していた作品に出演させることができず、予定が狂ったのだ。

結局、その条項は〈レッド・パージ追放者を使用しないという根拠は、昭和二十五年九月の占領軍指示によるものだが、独立国になった今日、法的根拠がないから追放者の使用は各社の自由に任せる〉となった。

伊藤武郎は「五社協定を好きなようにやらせたら、どんなことをやるか分からん。人権蹂躙だ……。横暴なもんだ。人を約束で縛って、ギャラも上げたくないのだ」と言う。伊藤のいう「人権蹂躙」の具体例の一つに、新人登録というのがあって、契約が満了しても、〈三年間は当該会社の承認がなければ、他社のいかなる出演の契約も結んではならない〉という前時代的な協定があった。

「人権蹂躙」を唱えるのは、伊藤だけではない。久松静児監督も「新人が三年間、義務奉公させられるというのは、この上ない人権蹂躙なのだ」と。佐田啓二は「スターの意見を無視した今回の協定は、スターの存在を無視した上での協定であるといえると思う。そういう意味で、僕たち俳優の人権を蹂躙したと思えなくもない」と語った。

この「五社協定」の後に製作された映画が、『にごりえ』（樋口一葉原作、井手俊郎共作、今井正監督）である。独立プロ新世紀映画と文学座の全面協力で、「十三夜」「大つごもり」「にごりえ」の三つのオムニバスになっている。

遅筆と言われた水木が、めずらしくスラスラ書いたので、ホッと胸をなでおろしたのは、プロデューサーの伊藤武郎である。予想通り撮影に入れたからだ。

ところが、「十三夜」の撮影が終わり、セットを壊してしまった後に、今井監督が「丁寧に撮りすぎちゃった。悪いけど、もう一度撮り直しさせてくれないか」と言いだした。何百万もかかるセットである。セットだけではない。撮影機材、照明器具、人件費を加えると途方もない金額になる。

伊藤は「今井君の粘りにはまったく参る。普段は温和で紳士なのだが、こと仕事になると顔ではニコニコしながら絶対に自分のペースを崩さない。彼と仕事すると撮影の半ばで胃が痛くなることが必ず一度はある」と語っている。

今井の粘りは水木に対しても同じだった。水木が「何処が悪いの？」と聞いても「何となくシックリ来ないんだな」などと言う。水木の方もいつの間にか、今井のペースに巻き込まれて必死に書く。シナリオを書き上げるだけで一年もかかるから、当然経費も出ていく。その点では、水木もプロデューサー泣かせであることには、変わりないようだ。

藤本プロデューサーは水木との対談で、「みんな水木さんみたいに、一本の仕事を一年も二年もかかられたら、商売にならない」と言った。これに対して水木は「あいつは時間がかかるというだけで、儲けたら知らん顔。これが一番いけない。嫌になっちゃうもんね、骨折る仕事は。楽な仕事というふうにえり分けていくことになるでしょう」と、返している。そして、「プロデューサーらしいプロデューサーは一人でもいるかと言いたいのよ。本当のプロデューサー的頭脳発揮している人、いないでしょう」と。

『にごりえ』は、その年のベスト・テン一位に選ばれた。『あにいもうと』は五位、『ひめゆりの塔』は七位であった。ベスト・テンのなかに同じ作家の書いたものが三本も入ったのは、後にも先にも水木だけである。

一九五四年、川端康成原作の『山の音』が水木のシナリオによって、映画化された。「山の音」は、雑誌「改造文芸」に一九四九年九月号から掲載された後、「群像」や「新潮」などに文載された。「僕好みの題材」と公言して映画化の企画を東宝に出したのは、成瀬監督である。

話の筋は、老境に入った尾形信吾（山村聰）と妻の保子（長岡輝子）は、息子の修一（上原謙）、嫁の菊子（原節子）と鎌倉に住み、父子は同じ会社で働いている。ところが、修一は女をつくって毎晩のように帰りが遅い。信吾は嫁をいたわる。その心情が話の軸になっている。

こうした文学作品の映画化は、文芸映画といわれ、名作といわれた小説の多くは映画化され、映像の困難な文学が残されていた。「山の音」もその一つで、小説も原作はまだ未完だった。

そこで締めくくりをどうするか、脚本を依頼された水木は鎌倉に住む川端を訪ねた。

「先生、嫁の菊子を最後にどうされるおつもりですか」と、水木は聞く。

「全然決まっていない。映画の方で適当に運んでおいて貰えば、或いは小説が後からそのように書いてもいい」と、笑いながら言った。

水木は、菊子を苦しみから抜け出させてやりたいと思った。そこで、家庭という閉ざされたカゴをあけて、舅は自分の手もとを離れ去る淋しさを乗り越え、菊子を自由に飛び立たせたのである。「山の音」では、官能に迫るような感情が、繊細な文章でデリケートに描かれている。そして、主人公が聞く「山の音」を、成瀬監督は観客にも聞かせようとしたのだ。

封切られた映画『山の音』には、〈確実で清らかな美しさ〉とか〈やわらかなリリシズム〉、〈生きた原作の持ち味〉〈清潔な感じの作品〉といった評が並んだ。

一方、水木は放送劇もＮＨＫの他、文化放送やＪＯＫＲなど精力的に書きつづけた。かつて、ラジオの仕事をはじめたころ、ある演出の大家に「ラジオを書くと腕が鈍りますよ。音だけに頼るなんてカタワですよ」と言われた。また、「君、ラジオの仕事なんかしていると筆があれてしまって、ものが書けなくなるよ」と言われたこともある。ある仲間からは、「あなたはいい。書きたいものは、ラジオで書けば気が晴れるでしょうからね」と皮肉めいた言葉も浴びた。しかし、ドラマの本質は、大衆との繋がりが基本になるのではないか。自分だけ飛び上がって育つというのは不可能だと思って、水木はラジオを書きつづけてきたのだ。それを「頑固」という人もいれば、「信念」と呼ぶ人もいる。

（おくその・まもる）

弁護士プレストン

この一篇、迫力あり

沼崎肇

中山信一郎『泣き笑い映画とジャズの極道日記』(ワイズ出版2020年4月刊)

全篇の白眉は「『弁護士プレストン』論」だ。テレビドラマは同時代人だけのモノ。後発世代はその評判を聞いてはいたが、どこがどう面白いかを、ここで初めて知った。取上げられるのは脚本担当・左翼作家レジナルド・ローズらしい「右翼は危険」テーマの二篇。「つくられた英雄」では、偶発的な喧嘩の被害者がキューバのテロリストだったと判明したため、FBIが政治的暗殺と考える事件。プレストンは誤解をとくため奮闘するが、右翼の女性ジャーナリスト(資料によればミルドレッド・ダノック)に挑発された犯人は、次第に己れを救国の英雄と考えるようになり…。「老将」は、提督(トリン・サッチャー)が武装蜂起を企むが息子(スキップ・ホメイヤー)に通報され…というもの。

著者は主題の左翼性だけに感銘を受けたりしない。「つくられた英雄」の犯人が…話の流れからいって、有罪となり重刑を課せられてこそテーマが活きるのに…無罪となる結末に疑義を呈する。「老将」では、右翼思想を憎むあまり弁護士の立場を忘れたプレストンが、自ら提督を有罪に追込む…そんなドラマツルギーの破綻に厳しい目を向ける。

「おかしなドラマである。弁護をひきうけた弁護士が…彼を有罪にする。…弁護士からはなれた被告が、全然別箇の理由で無罪になる。プレストンにとっては、いずれもそうであったほうがのぞましいものであった。が、彼の職務は、そうであってはならぬためのものであったはず…作者たちはあくまでアメリカのリベラルな立場からドラマを製作している。しかし、リベラルであることが、実に、力をもたなくなったことを訴えているようである」

以下も『十二人の怒れる男』を代表とするR・ローズ作品の分析が続くが、ドラマにおける倫理は、設定・脚本の整合性の謂いであり、思想の左右ではない、の姿勢を貫く。映画ファンここにあり、の感。

これだけのモノを書き、コドモのころから大量に娯楽映画を鑑賞し…という人なのに、なぜか他の文章はノスタルジックな〝名作の思い出〟語りの連続。正直退屈。おまけに中年過ぎてから中央の流行批評家にゾッコンとなり…やっぱりインテリ志向なのだ。早稲田の映研なんか行くから…。同じ地方在住なら森卓也の姿勢に倣って慾しかった。

で、最後に一つだけ。このヒト、『恋のエチュード』が大好きで(俺も!)何度も取り上げてるけど、87年以降も「完全版」に就いてはスルー。観なかったのか、初公開版と一緒くたになってたのか…。完全版が来たとき、あまりの印象の違いに吃驚した俺としては、そこが気になる。

(ぬまざき・はじめ)

「ムービーマガジン」をご存じですか？ 第十五回

一気にいくぜ！ 21〜24号

全31冊総目次（その12）

浦崎浩實

第21号 昭和55年1月1日発行

表紙のロゴタイプ上方に記された右の〝日付〟に続いて〝'80 January〟の記述。雑誌にとって、1年で最も晴れやかな正月号だが、ムカシは、正月号が並ぶ書店のオモテは賑やかなものでしたね。むろん、MMはそこに加われなかったかもしれないが、扱って下さった書店各位への感謝、忘れずにおります。

学生の頃、書店で短期間バイトしたことがあり、以来、書店への敬意を身上に！ 書店の前を通りかかろうものなら、身を律し、一礼を欠かしませぬ（ほんとだって、ウソと坊主のアタマは〝ゆった〟ことないですから！）。書店は神社かね？（はい、アソコには紙＝神々がいらっしゃいましてね！）

ともあれ、この号、定価280円変わらずで、表紙の松方弘樹の表情、ちょっと上目遣いの男ぶりは、見る者をメロメロにさせよう。インタビュアー・高平哲郎氏、写真・田辺幸雄氏、相変わらず素晴らし！ 表紙の色使い、スミと緑の2色で、この緑がスミとジョイントし、エレガント！ 表紙デザイン（たぶん、本文レイアウト等も）黒田邦雄さんであります。

同記事の弘樹氏曰く、健さんの皺にあこがれ、氷水とお湯を交互に顔に漬けて半年、自分の顔が出来た、と。(ワタクシ、さっそく真似たところ、今のアベ総理のような《本号が出る頃にはさすがに辞め、させられてるよネ》、針で突っつけば自己愛のウミが噴出しそうなムクミ顔に！ 世をはかなみ候！) 松方のフィルモグラフィ作成は、例によって、生嶋猛氏の盤石の作成だが、〝シネクラブ・アネックス＋本誌〟が添えられているのは、関西のシネクラブ・アネックスさんにご教示頂いたところもあったらし。

この号、目次が復活！(そう、雑誌はあるべきものを、あるべきように、当たり前のことをまずしませうね！)

MM名物(！)の「ごひいき対面」は、原田美枝子さんvs山根貞男氏。美枝子さまが貞男さまをご指名、ではないですよね。美枝子さまが対談中におっしゃるには、自分は自己露出が(フィクション上でも)できない、と。俳優さんは〝劇〟に名を借り、自己露出を生業とするように思われそうだが、美枝子さまは断固、その境界を引かれる、らしいと私は知り、感銘。女優のいうこと信用出来て、って？ ロングヘア女性(美枝子さまは、ここではそう)を今もっと信用しないでいる私なれど(むろん、相手が私を好きなら、不問です！)、美枝子さまのご発言、一々、胸に響き候！ お二人の間につり下がった照明が粋で、対談場所はどこだったのだろう？(撮影・前田康行氏)

そしてこの号には、本誌前号で(不明にも？)アッコウ(悪口)を浴びせたシナリオ作家協会・監修委員〝長〟による見開きの「恋多き高橋伴明兄様」論が。伴明映画としては破格の製作費による『南海のおんな・緊縛無常』(79)の八幡浜ロケに付き合い、伴明映画を、敬意を総動員して総括。伴明監督が言い放ったという「金と時間があったら誰でも(映画を)撮れる」を紹介し、村野鐵太郎がクロサワのいる席であてこするように、「金と役者が揃ってたら、阿呆でも映画は撮れる」発言を引用。むろん、アホはどこまでもアホですが、伴明映画をクロサワ映画に(言外に)比肩せしか！ 掲載の伴明監督フィルモグラフィは、この時点で最も充実したもの、信頼できるもののはず。入手しがたかったろうスティル、ロケ写真が計3点。製作プロに赴くなど手間ヒマを惜しまなかったのでしょうね。MMバンザ〜イ！(もう世間体を憚ってられん！)

連載モノでは、西脇英夫氏「二流映画講座」第6回で〝落語・テレビ・雑誌・そして読者〟のサブタイトル。幼稚

な（?）映画ファンの映画誌露出への嫌悪感を表明！（MM誌も〝彼ら〟の露出に〝貢献〟せしか?）

黒田邦雄氏「真夜中はスターがいっぱい」第4回目。「ドロンばかりがスターじゃない」をカウントすると掲載ナン回目だろう？　グラフィック・デザイナーでイラストライター（という語は当時なかったが）である黒田さんは私のセンスのなさを見かね（なんて言うと、それ以前にMM表紙、本文レイアウト他を助けて下さった方に無礼になりますね！　ケンソン、むつかし再び）、自発的にMMを助けて下さった（物心両面で）大恩《おおおん》あるお一人なのです！

それにしてもMM誌の全体的な活字の小ささ。黒田さんのページ、LETTERS（読者寄稿）と同じ級数（活字）で、現在、老眼をかけても、判読に手間取り候。この頃、視力良かったんだ、ワタシ！

続いて、松田修センセイによる「旅芸人の記録」論。世を上げて激賞の嵐に抗するがごとき反論、力論にシビレます。この稿の最後、版づら余白に、ご当人から、一、二の不備を次号で言及したい旨あり、と。（ご当人の熱意に、次号MMは果たして報いしか?）さて、私の思い過ごしかもしれないけれど、以後、同作配給のフランス映画社・川喜多和子氏の覚え悪くなったような？　某監督（ニホン人）に誘われて夕刻、同社に伺ったら、（監督への敬意で）別席を設けてくれたが、私は遠慮すべきを、金魚のフンの如くくっ付いて行き、軽侮の視線を始終感じ続けたのは、右の一文のせい、かと？（そんなに料簡狭くないよ、ワタシ=カズコは！）この席にいなかった柴田駿氏（フランス映画社社長）は、以後も変わらず、紳士的に接して下さったのであります（その柴田氏も亡くなってしまった！）。

関本郁夫監督の連載「映画人烈伝・四」は加藤泰監督との対談で、泰監督の持論〝名監督の下から優れた監督は生まれない〟〝監督が彼らの才能を吸い取っているからでは？〟と伊藤先生（大輔）にぶつけたら、お前、〝吸い取られるようなもん、持っとんのか〟と逆襲されたと。相互〝吸い取る〟関係はニンゲン関係の要諦か！

連載のはずの、松田政男氏の玉稿ナシ！（ついに見放されたるや！）

書評欄（と言わず〝初版重版〟欄としているところがミソか！ もう、なんだって自讃しちゃう！）は、山田宏一氏「走れ！映画」（たざわ書房刊）を同書編集者でもある米沢慧氏が、映画史家の冨士田元彦氏「日本映画現代史・Ⅱ 昭和二十年代」（花神社）を、黒岩康氏が、ヴェナブル・ハーンダン「ジェームス・ディーン」（ハヤカワ文庫）を大久保新なる者が記す。

「走れ！映画」を紹介する米沢氏のマクラ、山田宏一氏との目玉焼き論争がチョー可笑しい。目玉焼きの白身から食うか、黄身から食うか？ 両者とも、白身から食い、途中で箸が黄身にかかって、崩れたりすれば、落胆、と！ 黄身から先に食べるヤツ、信用できない、と私も山田氏から直接伺ったように思うが（つまり、いいところは最後に取っておく！）、これ以後、拙宅では〝ヤマダさん、する？〟が秩序化し候。今、タマゴって、メンドリが懸命に生んでも、10個入りパックがスーパーで、なんと¥98（税別）。潤沢はニンゲンから知性・品性を奪う？

右の、大久保新なる書き手、ひょっとして、ウラサキの世を忍ぶ偽名？（まあ、文章力、大目に見られたし！ MMは変名、偽名が多くない？ と信頼する批評家に言われたことがありましたっけね！）

日本映画新作（？）評では、『太陽を盗んだ男』を井家上隆幸氏が、『天使の欲望』『暴力戦士』の両作を伊丹詮作氏が、『Keiko』『もう頬杖はつかない』を世評に抗して北川れい子氏が辛辣に評し、『十九歳の地図』を夏文彦氏が作品のスケールの大きさ（新聞少年が主人公ながら）を激賞、今回読み直しながら、夏さんの後年の自死を思い、込み上げてくるものが！ 伊丹詮作は、むろん伊丹万作のもじりで、東宝演劇部プロデューサー氏でした。

MM名物（らしい？）〝FIVE RANKINGS〟（星取り）は小田克也、北川れい子、松田政男、山根貞男の4氏レギュラーに、坂本義雄、塚崎直美さんがゲストで、ゲストのお二人は共に蟹座（お年は一回りほど違えど）という奇遇？（MMを覚えて下さっているかしら？）

この欄、今回は発行の空白もあったので、132作も取り上げており（何かと追跡の難しいピンク、ポルノも逃さじ、の意気込みのMMなのであります！）、『天使のはらわた・名美』の（意外な？）低評価に感慨？　反動誌（！）ならともかく、レギュラー4氏はロマンポルノの同志的（？）存在ともいえるはずなのに！

そう、MM誌は映画的同志に（しか）呼びかけているような印象を持たれたかもしれないですが、さに非ず、批評の孤独（！）を恐れない、がスタンスだったのです！（自讃なんて、無限にできちゃいますね、ハハッ！）

ヒロイン、名美に対する〝村木〟2代目の地井武男は同じ釜のメシを食った仲だって言うのに、ゴメン！（カマと言っても、Backではありません、悪しからず！）

もう一つ、MM名物（！）、マンズ・ワイン一面広告（むろん、過分のお代を頂戴し候！）は「アラモ」パロディで、マンズ・ワイン共和国を夢みて、酒倉アラモ砦を守る、ジョン・ワイン、リチャード・ブドウノマーク、ローレンス・ハーベストらの命運やいかに、と。

次号のメイン・インタビューは、金子信雄さん、と版ヅラにあり。自らにカセをはめると共に、ちょっとの余白（版ヅラ）もムダにしまいぞ、のメッセージも？　さて、金子信雄さんのご厚意、報われたるや？

時に（また、また！）、MMは読者欄で持っているのでは？　と陰口ならぬオモテ口をたたく無遠慮な手合いがいたもので、それほどでもォ、と鷹揚に対応していたが、（プロの寄稿家さま、すみません！）、ペラペラ誌で4ページ占領の読者欄（Letters）だが、これはページを埋める対処にあらず、面白く、為になるからこそ（実際、読みであり！）のスペース確保、と今こそ胸を張れるのです！（これで今回、自讃は何度目？）

第22号　昭和55年5月1日発行

5ヶ月ぶりの発行で、メイン・インタビューである金子信雄さんにお届けしたら、どうなったのかな、気になっていた、と優しく言われた。

表紙はブラックを基調にイエローで彩り。下半分に、金子信雄氏が両手を広げた、やや横向きの写真。ハイブローな表紙だが、何しろ、表紙にブラックはタブー、を破る野心満々の試みであります（デザイン＝黒田邦雄さん）。定価２８０円。

　表２は、ＭＭバック・ナンバーの表示だが、上方に余白を作って、〝若山富三郎さん　受賞おめでとうございます〟と謳い、ブルーリボン賞、キネマ旬報、毎日映画コンクール、日本アカデミー賞、と賞名を列記。ずいぶん派手に賞をお受けになったんですね。軍人と俳優ほど勲章を欲しがる人種はいない、はミシマ発言なれど、浮世は賞歴と共に語られがちですよね、訃報など最たるものでして。ご案内のように、ＭＭ第14号は、若山さんのインタビューを掲載しております。

　さて、高平哲郎さんによる金子信雄さんインタビューの、面白いのなんのって、読み直して、涙、ナミダであります。知的で諧謔的で、人間賛歌！　こんなハイレベルの読み物が、ペラペラの雑誌で読めた驚き！　写真＝田辺幸雄さん（自讃の手、緩められませぬ！）。フィルモグラフィは丸々３ページに及び、２７８作を記す。生嶋猛さんの大労作で、佐々木美規慎さん＋本誌、の名も添えられている。
　松田修センセイ『旅芸人の記録』論第２弾の掲載あり。お約束（センセイとの）を果たせ、ホッ！（果たして次号は出せるや、と自分に祈るように過ごしおり候）
　アキラ25周年記念リサイタル（芝郵便貯金ホール＝現・メルパーク東京ホール）報告を、永瀬武彦さんがシビレんばかりにレポート。ゲストに高品格、南田洋子、川地民夫、江木俊夫、梅宮辰夫が登場したらし。こんな豪華なイヴェントを見逃していた自分が許せん！
　永瀬さんは、アキラが多羅尾伴内の扮装で出てくるくらいの〝お遊び〟が欲しかった、と欲張っているが、それはないです よね？ 伴内はアキラ・オリジナルではないし、それはないですよね？ 伴内はアキラ・オリジナルではないし、それにコケタし。同作の新宿東映の初日(?)舞台挨拶でアキラは、この次は（シリーズ第2作には）、もっとたくさんの方が来てくれるよう、と発言、私は落涙。新宿東映とワンブロック先の在りし新宿日活のナンの映画だったか、舞台挨拶の折の割れんばかりの場内の記憶がアキラ氏に甦ったのは間違いないですよね。2作目『鬼面村の惨劇』は？（アキラ伴内はこれにて見納め！）

ついでながら、アキラ氏はMMがインタビューを切望しながら叶わなかったスターであります。MMをパラパラめくりながら、どうもなぁ、と！ 直接会って、断ってくださっただけでも、十分、MMに敬意を払ってくださった、と思っていますが、後年思えば、私の粘り不足？

続いて、日活編集者として出発した鵜飼邦彦さんによる「NKマークの同窓会があった」は短い文章だが、日活NKマークはスクリーンから消えた（79年）が、日活旧友会なる、日活撮影所育ちのスタッフの3年に一度の2度目の催し報告で、新旧300名近くが集った、と。

さわやっこ、こと大森さわこさんによる「ハリウッド・ボーイ このごろ」はニック・ノルティ、ゲイリー・ビジー、リチャード・ギア、デニス・クリストファーらハリウッドの新顔（?）を紹介。

また、北川れい子さんが『ツィゴイネルワイゼン』完成を手短に報告。清順監督は前作『悲愁物語』（77）完成の際、この次は10年ぶりと言われないようにしたい、とおっしゃった由で、3年ぶり、は慶賀に堪えませぬ。

そして、映画界の一大行事、ベストテンのMM版発表。日本映画、外国映画、8ミリ16ミリ、ベスト・スタッフ&キャスト、ベスト著作と、6部門の賑やかさで、8ミリ16ミリ部門以外は、いずれも読者選出併設。プロの投票者27氏(除く、ウラサキ)の顔触れの多彩さに、ただただ、感謝の念措く能わず！ 自分の図々しさ、というか、自負にもカンシン！ テン結果をここに紹介したいが、割愛させて下さい。

読者欄Lettersは掲載した52氏の記名を目次に記している。映画誌で（広く雑誌でも?）、投稿者を下にも置かない敬意の払いぶりは、広く世界でMMだけでは？（セカイの雑誌事情は知りませぬが！）

表4は『ランニング』広告（日本ヘラルド配給）で、マイケル・ダグラス（製作・総指揮も）がねじり鉢巻きで板敷き橋を正面向きで走っているところ（かっこい

い）。

読者招待試写会は『ジャグラー ニューヨーク25時』（東宝東和）、『ランニング』（日本ヘラルド）、『徳川一族の崩壊』（東映）、『ファイナル・カウント・ダウン』（富士映画）の4作で、ご提供各社に感謝しきり。MMの試写招待は当選確率が高い、が読書の間で秘かに（！）囁かれていたようだが、どの映画会社だったが、試写当日の試写状回収率が低い、と一度、言われたことがありましたっけ。つまり、ちゃんと配布されているの？ と。試写状の分の応募者はいるのか、ということのよう（各社のご厚意に甘えすぎていたか！）。

第23号　昭和55年8月1日発行

前号同様、ロゴタイプの上方に右の文字と共に〝'80 August ムービーマガジン〟を記す。

和田浩治の表紙で、ブルー一色に見えながら、レッドをさりげなく配し、ブルー、レッド共に網掛けを施し、2色以上の多色刷りにも思え、粋です（黒田邦雄さんデザイン）。

日活男性スター陣は、裕次郎、アキラ、赤木、錠さんと次々と現れたが、和田浩治の登場で一気に若返った。自分たちと同年齢のアイドルが現れた、と思ったもので（1944年生まれで、私と同じだが、浩治さんは早生まれで、学年的に一つ上）、親近感ただならず？ 浩治、浩實と名前も似てなくもないしね！（似てないか？）サブタイトルに〝映画デビュー20周年〟を謳い、来し方20年を回顧。40歳を過ぎたら、ケーリー・グラントが演《や》ったようなアクション・コメディを演ってみたい、とおっしゃる。東銀座の歌舞伎座と晴海通りを隔てた露路裏の店での取材だったと記憶するのだが（？）、路地の塀に持たれるようなスナップ風写真等々印象的。「和田浩治はいい顔をしていた」「四〇代になると、もっといい顔になるに違い」云々と高平氏インタビューは閉じられるが、42歳で他界、和田版ケーリー・グラントは叶わなかったです。残念！

この特集には脚本家・山崎巌氏が「日活アクションの栄光」の題で和田デビュー作の誕生秘話を、映画評論家の渡辺武信氏が「少年スターから男の哀愁へ――和田浩治の二十年」で和田のこし方、と力稿を寄せて下さり、厚みのある和田浩治特集になっている。思い出すだに赤面してしまうのだが、後日、「山崎巌だが！ 原稿料まだ貰ってないけど！」と怒気含みの電話を頂いたのでした！（原稿料、ユメみたいなことで）。慌てて、お送りしたが、いくらにしたか、まるで記憶になく！（今だお送りしないままの方々ばかりで、差異にお許しを！）で、お送りした旨、電話を差し上げたら、奥様らしきかたが電話に出られ、〝すみませんねェ、ウチのは気短で！〟と（電話口で、ワタクシ、泣きましたデス！）。

　生嶋猛氏によるフィルモグラフィも、むろん、あり。

冨士田元彦氏による「深尾道典の世界」は、新刊のシナリオ集「山手線赤目駅」論、の副題があるが、監督としては寡作だが（2作に止まれり）、大島組との共作シナリオや、未映画化シナリオ集も数点と多彩で、広い視野から深尾世界を捉え、細字で5ページにわたる力論。MM誌の中でも、異色・異例の掲載となった。

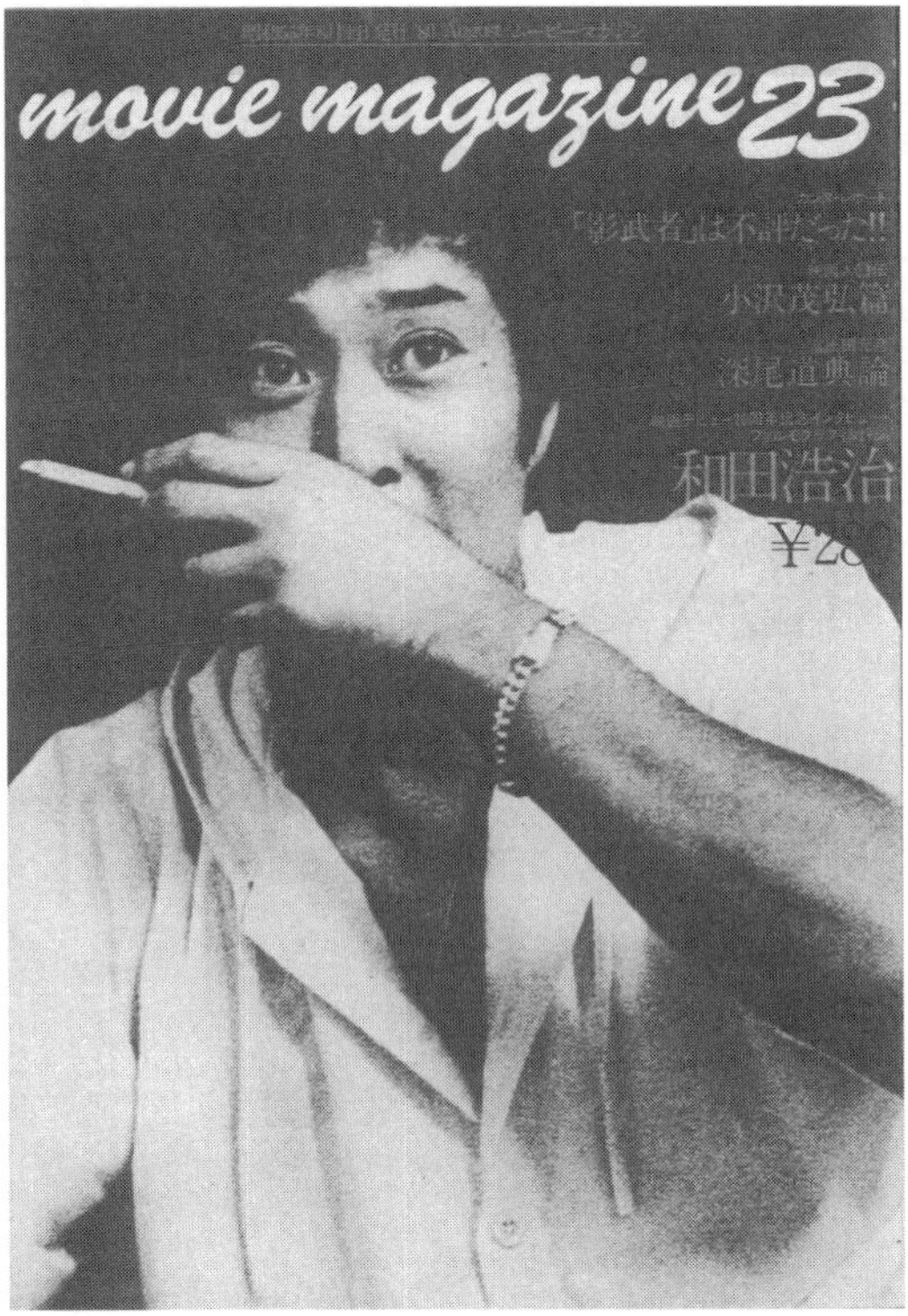

　関本郁夫監督の「連載・映画人烈伝」第五回目は「小沢茂弘―職人監督の栄光」は助監督として小沢作品に最も多く就いたという関本監督が、易者に転じた小沢氏に二年半ぶりに再会、対談した記録。

　黒田邦雄さんのコラムふう連載「真夜中はスターがいっぱい」は、コッポラ『地獄の黙示録』にヴィスコンティ『地獄に堕ちた勇者ども』に共通する性的エクスタシィを見るという氏ならでは論に加え、『クレイマー、クレイマー』では子供が、走っている大人たちをことごとく邪魔して動きをとめる、と嘆く（なるほど！）。

　小田克也氏「韓国の映画と人との出会いを求めて」は小田氏の現地取材記で、〝ソウル80春〟の副題。日本の韓国映画ブームを先取りすること、四半世紀？　貴重すぎます！

　新連載コラム「初めに女優ありき1」は北川れい

子さんによる、女性による女優論で、毛穴までさらけ出して熱演するタイプはダメ、と実例を挙げた後、山口美也子、大楠道代を賞賛。

更にコラム的映画評では、清水邦夫氏が田原総一朗との共作『あらかじめ失われた恋人たちよ』(71)製作時を〝新しいアクション映画〟を作りたかったらしい、と述懐。

桂千穂氏『柳生武芸帳・十兵衛暗殺剣』(64)は近衛十四郎・大友柳太朗の両〝剣豪〟の決死的戦いを賞賛。大森さわこさんが、幻の未公開名作『バッドランズ』(テレンス・マリック監督)のTV放映「地獄の逃避行」に接して感激を記し、伊地知徹生さんが、ぴあ主催OFF THEATER FILM FESTIVALで観た立教大生、本田俊也監督『SWEET CAREER GIRL』を紹介。

今号で記憶からすっかり消えていたのが、「79年度ベスト・ムービーズPART 2/TV放映劇場未公開作&TVムービー」で、未公開作ベスト1が『サイレント・ランニング』で、TVムービーベスト1は『暗殺・サンディエゴの熱い日』、後者のファースト・ラン(初放映)は75年11月15日、テレビ朝日、と断っている。

両テンの選者は、井口健二、宇田川幸洋、北島明弘、北村孝志、篠田礼、西脇英夫、の6氏で、頭が下がります。有難うございました。

呼び物(かも)の「FIVE RANKINGS」は134作を挙げ、いつもの4氏に石井広一、吉田敏行のお二人が読者参加。『ツィゴイネルワイゼン』の高評価、やっぱり!

名物のマンズワイン・パロディ広告は「STAR WINES 3」で、宇宙の果て、葡萄星雲=マンズワイン星雲を巡る攻防を描く。

新作読者招待は『ジャバーウォッキー』『鉄騎兵、跳んだ』『狂い咲きサンダーロード』『モンティパイソン アンド ナウ』『元祖 大四畳半大物語』『インフェルノ』と6作も。提供各社に感謝あるのみ。

表4広告は『MAKE LOVE メイクラブ』(グローバルフィルム配給)で、第5回エロチカ大賞5部門受賞という由緒正しき洋ピン! MMは権威主義ですって!

第24号　昭和55年12月1日発行

本文ページ数48(ノンブルはいつもながら表1、2をカウント)で、定価280円も変わらず。

メインのインタビューは遂に、池部良! 池部の前に

二枚目ナシ、池部の後に男優ナシ、のかの池部良さま！天下の池部さまが遂に「池部良の40年」としてMM誌登場、雑誌界の大事件でありまする！(〝中〟事件くらいだって？　手討ちにしてやるまいか！）内容の濃さ、言うももどかし。高平哲郎さんのインタビュー、田辺幸雄さんの写真。デザイン・黒田邦雄さん。

今見る、同号の池部良は若々しく、ナマのご当人も気品あふれるようだった。確か、三島由紀夫でしたかね、東映仁侠映画で、池部良が出てくると、さしもの高倉健も影が薄い、と評していたのは!!　あッ、MM誌最大の販売部数を記録した高倉健号の大恩を片時も忘れたこと、ありませぬ！（八方美人か、おマエさんはって？　とんでもない、十六方ビナンなんです、ハイ！）『昭和残侠伝』出演は、俊藤浩滋プロデューサーの慫慂によるとのことだが、慧眼でしたね。動的な身体の健に、静的な（ニヒルな）良さまという対比が一層、劇的・映画的にしている、今更のようなれど。（もとより、良さまには前哨戦のような『乾いた花』がありますが）。フィルモグラフィ作成は佐々木美規慎さん。

ごひいき対面は、小林麻美vs宇田川幸洋さん。文字化も宇田川さん自身で、そのファン度は尋常ではありませんでした！　少年のよう、というか少年殺人鬼（！）のようで、今にも刺し違えんばかり（！）、麻美さん、怯えたかもよ？　は、まぁジョーダンですが、ユキヒロちゃん、耳たぶまで真っ赤にしてやんの！　「ウブね！」がMMの結論でありやした、ハイ。

ごひいき対面とは謳っていないが、「大和屋竺の詩と真実」は黒田邦雄さんが、大和屋世界に切り込む対談で、対談の文字化も黒田さん自身。まとまった大和屋論として先駆的のはずで、綿密なフィルモグラフィともども、重要度高し。竺の読み、アッシ、はもう常識ですよね。にしても、黒田さんの美意識の奥行よ！と、ご生前にワタシ、申し上げています？　上記、2対談の写真は、前田康行さん。何かと便利にお使いだてし、申し訳ありませんでした。

座談会「われらの時代の映画」は大江〝われらの時代〟(59発表) に倣った (古風な?) タイトルだが、山川直人、山本政志の両〝山〟による、映画新時代の到来を伊地知徹生さん司会と共に自在に語り合ったもの。

新時代と言えば、北川れい子さんの「映画は血の予感」は進境著しい斎藤信幸作品をインタビュー＋批評形式で論じ、大森さわこさん「大森一樹とハリウッド第9世代」は大森作品の出自 (?) を巡るユニークな見立てで、デ・パルマと大森作品の相似を問い、ご当人を面食らわせて (?) おります。

「東陽一は自作の本質を知っているだろうか?」はエッラそうなタイトルだが、不当 (!) に世評高い〝東〟映画への異議申し立て。書き手の梨田正二は不肖、ワタクシ以外考えられない。プロ野球の定岡正二、梨田昌孝にあやかっています。(あやかるにもイケメンが条件！)

「世紀のポルノ『カリギュラ』、その反応・お国ぶり」はニューヨークを高平哲郎さんが、パリを山田寛さん (演劇プロデューサー) が、TOKIO (東京) を長沢伸幸さんが報告。長沢氏が思い出せず、申し訳ない。

小牧薫「メタモルフォセス・神代辰巳映画」は、ヒロインが絶えず変身・脱皮・成長する神代作品を論じる。(投稿) と文末に。MM投稿者のレベルの高さよ！

読者ページは巻頭「Letters」欄があり、別枠で「映画館問題は燃えている!!」では映画館の今日的課題が読者によって論じられ、中ほどに「Letters Special」、巻末に「ファン・東奔・西走」も読者欄というオモテナシ。巻末の方は情報欄を兼ねているが、読者の意気の高さ、MMの作り手自身をとうに凌いでいそう！

書評の「初版・重版」欄では、「ポスターでつづる東映映画史」(青心社刊) を大川隆さんが、蓮實重彦・山田宏一著「トリュフォーそして映画」(話の特集刊) を犬童一心さんが、梅チャンこと梅林敏彦さん著「シネマドランカー 荒野を走る監督たち」(北宋社刊、仮縫室・発売) を服部義博さんが、児玉数夫著「キートン！キートン!!キートン!!!」(ブロンズ社) を金丸弘美さんが、百恵のベストセラー「蒼い時」（集英社）を北川れい子サマが評しているが、その「蒼い時」を〝とりあえず百恵自筆の自叙伝と信じ〟た上で、ジャンヌ・コルドリエ著「パリ娼婦の自伝・夜よ、さようなら」（読売新聞社刊）との、感受性の相似を論じ、天下の百恵ファンの怒り、押し寄せるを辞せず、と決死的掲載（！）なれども、コトもなし。百恵ファンって意気地なし？　マイナー誌と侮ってスルー？　それはないよね！　共感よね。（『夜よ、さようなら』は映画化もされ、80年日本公開）

「FIVE RANKINGS」は128作を取り上げ、レギュラー四氏に読者の朝倉和也さん、山下悦男さんがゲスト。コラム「あの頃」では『八月の濡れた砂』の広瀬昌助が往時を語る。バイク事故の沖雅也の代役で、後年観直して、同作の良さが分かった、と。広瀬は若く死んでしまい、同じ釜の飯を食った時期があっただけに、今記しながら落涙してしまう。

読者招待映画は『震える舌』『幸福号出帆』『イエスタディ』『ブルベイカー』『エデンの園』に加え、慶応大シネクラブ・アネックス提供の「三田祭 石井輝男の夕べ」も。石井監督が自作についてほとんど初めて語る予定で、『花と嵐とギャング』上映も、と。入場料500円のところ、MM持参者は無料と。MMは大学映研にも信用あったらしく、当日はMM持参者でパンク？

マンズ・ワイン広告は表4に。『ベン・ハー』パロディで、どこまでも知的であります。

……と、これでMM280円？　0が一つ足りないんでは？（と口々におっしゃって下さる前にあえなく……）

蛇足のようながら、先に、この号の読者ページ別枠で「映画館問題は燃えている!!」があることを記したが、時間飛びまして、MM31号（終刊号、不本意な！）で読者による「人はなぜ映画館で映画を観るか・序章」特集ページあり。コンニチ只今、コロナ下で、映画も配信で見る（断じて、観る、に非ず）時代になってしまったが、遥かなる時代、TVが出現したとき、これを映像と呼ぶのは我々の恥である、を憤った映画人がおられたが、配信映画！　もうおぞましくって！　情報手段に過ぎないが、追々、公認されていきそう。思えば、映画が現れたとき、演劇界の猛烈な反発を受けたんでしたっけ！

（次号、完結予定）

（うらさき・ひろみ）

笑いの意味

三島由紀夫vs東大全共闘

瀬戸川宗太

『三島由紀夫vs東大全共闘　50年目の真実』（豊島圭介監督）

本作については、劇場公開前に試写室で観た当日、宣伝部の人から「是非映画批評をお願いします」と声をかけられたが、なんと返事してよいか困り、「ちょっと難しい」と曖昧な対応をしたのを思い出す。映画が面白くなかったとか、同討論会に関心がなかったというわけでは毛頭ない。それどころか、大画面に映る三島由紀夫の姿に言い知れぬ感銘を受けただけでなく、薄れつつある過去の記憶が、いきなり眼の前に現れた感覚にとらわれ、軽い精神的ショック状態に陥ったほどだ。

人は、自分の人生に近しい重大な出来事について、気軽に語ることはできない。事件に関わる渦中の人以外は、口を閉ざすのが普通ではないか。1969年5月、伝説的ともいわれる討論会が東大駒場キャンパス900番教室で開催された時、私はまだ高校2年生で、論争内容が本になったばかりの文章を、つたない知識でなんとか読み説いたに過ぎないのだが、三島由紀夫の政治・思想書を何冊か（「文化防衛論」、対談集「尚武のこころ」等）読んでいたため、両者の理論対決に大きな知的刺激を受けた一人だった。

私が同時期に、左翼急進派となったのは、この討論会がきっかけである。無論、その後も三島由紀夫への関心は続いていたので、本人が市ヶ谷の陸上自衛隊駐屯地で自決する（1970年11月25日）直前、池袋の東武百貨店で開催された三島展（11月12日〜17日）へは一人で出かけているが、まさか事実上の遺品展とは思っていなかった。当時三島派から全共闘派へ立場を変えた私の思考過程については、実のところ謎である。

このドキュメンタリー映画を観れば明らかなごとく、論争は三島由紀夫の完勝といえるものだった。にもかかわらず、何故全共闘側に傾いたかと言えば、確かに時代風潮と無関係とはいえない。1960年代末、多くの若者たちは、体制と闘う思想に共鳴し、新左翼と呼ばれた左翼急進運動に引き寄せられたわけだが、私の場合、他にも理由があったような気がする。

その頃には、「金閣寺」くらいは読んでいたし、虫明亜呂無の解説で知られる「三島文学論集」も愛読していたほどだから、人物像はそれなりに理解していたはずである。それでも全共闘派へ傾斜したのは、比類なき優れた思想家と認めつつも、その政治的行動に死への危険性を感じたせいではないか。幼い時からジョン・フォードやジャン・コクトー等優れた作品に親しんで来た映画青年には、なおさら三島の研ぎ澄まされた鋭さが、危ういものとして身に迫って来たのではないか。思い返すと、それが真相のような気もするが定かではない。が、そうだとすると、武装闘争を繰り広げていた全共闘の方が安全な存在と感じていたはずである。「戦争を知らない」世代と言われながらも、亡くなった英霊に、まだ敬意を抱いていた左翼急進派は、映像のようにサムライ三島と対峙したのである。

『文化防衛論』でのティーチ・インは一橋大学でのもの

　以上の事を踏まえ、本作について若干感想を述べるなら、まず三島由紀夫の圧倒的な迫力と魅力に、全共闘側がしだいに共感を露わにしていく容子が、彼らの表情や喋り方からよく分かり、活字でしか知り得なかった討論会の状況を改めて再認識した。勿論、会場内にたびたび起きる笑いは、共感からくるものだ。それにしても、映画の中でコメントを述べる若い学者が、この笑いの持つ意味を全く理解してないのには驚く。全共闘側の自嘲によるものか、冷笑の類と決めつける発言を聞きながら、なさけない気持ちになったが、今の若い世代がその学者と同レベルでないことを信じたい。

　三島由紀夫は、討論を終えての冒頭で「私はすでにこの会合には笑ひが含まれてゐるといふことに気がついていた」と書いているが、会場内からもれてくる笑いをどう解するかは、討論会をどう見るかに直結する問題である。余計な人物に喋らせるのはドキュメンタリーの価値を引き下げるだけではないか。

　最後に本作に登場する人々について一言書いておきたい。全共闘、楯の会のメンバー、それに取材したマスコミ関係者たちと比較して、前述した若い学者を含む4人の雰囲気があまりに違うのに愕然とした。いい年をしながら、つまらぬ発言をする瀬戸内寂聴にはあきれたが、他の作家、学者たちも同様に部外者の印象が強く、本作の数少ない欠点となっている。もし、彼・彼女らの登場に意味を付与するならば、当事者といえる証言者たちと部外者でありながら語る人たちの表情の決定的な差異を、カメラが否応なくとらえている部分だろう。三島との討論場面に居合わせた人たちの顔つきには、どこかに輝きがあって魅了されるが、部外者たちの顔は、なぜかのっぺりとして嘘っぽい。その対比が時代の変遷を象徴していると見るならば、それも貴重な記録映像といえるかもしれないが、映画全体の性格を考えれば、当事者たちの証言に限るべきだった。時代背景の解説ならナレーション（東出昌大）だけで十分と感じていたから、なおさら残念でならない。

（せとがわ・そうた）

同時代人であることが誇り

裕次郎賛歌　石原プロ解散に思う

永田哲朗

石原裕次郎は1956年、兄慎太郎原作の『太陽の季節』ロケについて行って、ちょっと手伝った時、プロデューサーの水の江滝子に見出された。端役で出演もしたのだが、俄然、主演の長門裕之らがカスむような存在感を見せた。ソク、『狂った果実』に主演、たちまち第一線に躍り出た。彼はズブの素人である。しかし、素人ながら物怖じしない演技力ならぬ、何か爆発するようなものを秘めていた。映画製作を再開したばかりの日活だからこそ、何のためらいもなく、素人の裕次郎を主演スターとして売り出すことができたのだろう。

私は『太陽の季節』は話題作なのでもちろん見たが、何しろ〝チャンバリスト〟であるから、それ以後の『狂った果実』とか『地底の歌』『月蝕』等はスルーしていた。しかし、『幕末太陽伝』は時代劇なので一応は見た。その後、『鷲と鷹』『俺は待ってるぜ』『嵐を呼ぶ男』『夜の牙』『錆びたナイフ』『赤い波止場』等のアクションものを続々見て、これはもう放っておけなくなった。

これまで日本映画の現代ものアクションは、西部劇などの格斗に比べるとどうもカッタルくて不満だった。裕次郎は違う。まず、アクションが素晴らしい。高校時代はバスケットボールの選手だったというが、あの運動神経はそれだけじゃない。戦前、鈴木伝明や浅岡信夫といったスポーツマン出の人気スターが活躍したが、裕次郎の場合、ハナから図抜けてると関係者はいう。裕次郎は

兄の慎太郎と違って、かなり不良がかったセイガクだったろうと思う。何しろ、ゴロまき（喧嘩）がスマートで板についている。ゴロまきはボクシングとか空手の心得がある者は強いことは強いが、それだけでないサムシングがあるから面白い。従来の日本映画のアクションを泥くさい〝熱斗〟から、もっとスマートでしかも迫力ある本物にしたのは「裕次郎映画」だと思っている。

裕次郎は所謂〝二枚目〟的なスターではなく、堂々とした男らしい男で、喧嘩はするが、ヤッパを振回したりせず、素手で殴り合う。やや不良っぽいが育ちの良さが感じられて、やくざにはなりきれない。そんな所がありきたりの二枚目スターとは違う魅力ともいえよう。私自身が週刊誌等に関係していた人間として目の当たりに見た者にとっては、芸能界という一種の〝キマリ〟のある中では異端者的な存在と思えたほどだった。彼が出現した時分（１９５６年）の日本映画のスター地図を見てみよう。ただし、時代劇スターは別である。

松竹＝佐田啓二、高橋貞二、大木実、田村高廣、石浜朗、川喜多雄二
東宝＝三船敏郎、池部良、小林桂樹、小泉博、宝田明、森繁久彌
大映＝鶴田浩二、根上淳、菅原謙二、川口浩
東映＝高倉健、波島進、岡田英次、堀雄二、南原伸二、江原真二郎
新東宝＝宇津井健、高島忠夫、舟橋元、田崎潤
日活＝三橋達也、水島道太郎、葉山良二、名和広、二本柳寛、安井昌二、三國連太郎、長門裕之

いかに裕次郎が異質で新しく、同時代的だったかがお分かりだろう。

とに角、ズブの素人が一連の〝太陽族映画〟に主演して、反社会的作品と批判されながらも次々とヒットして、赤字つづきだった日活のドル箱になったというのは、例のない驚異的なケースである。57年度は『勝利者』『海の野郎ども』『鷲と鷹』『俺は待っ

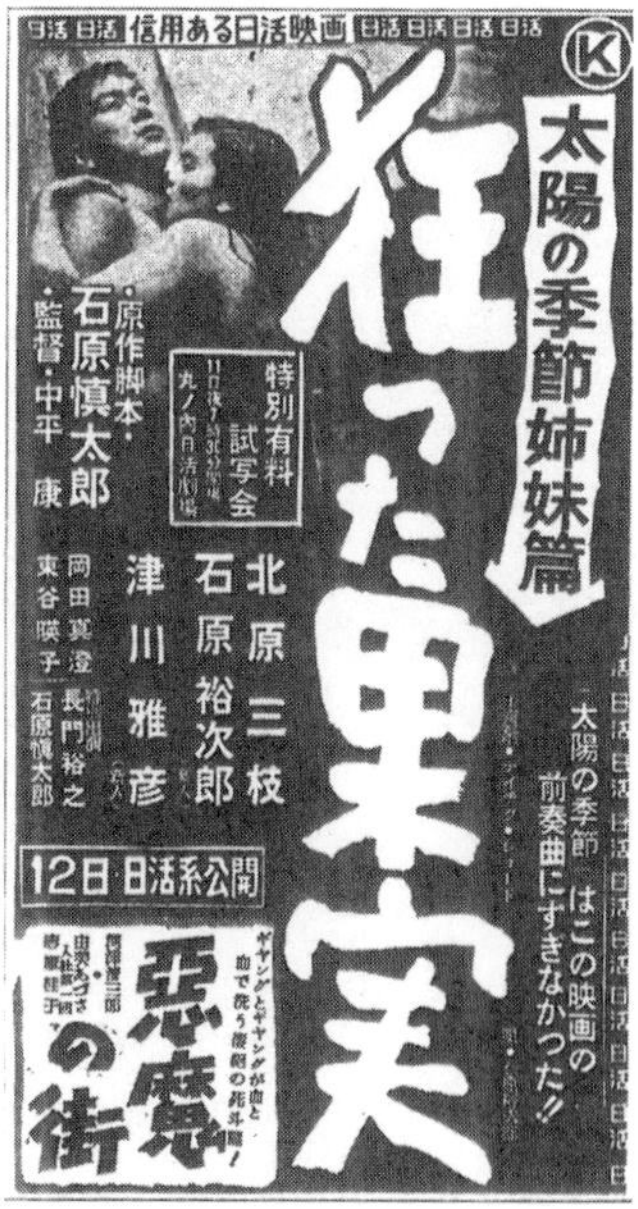

『狂った果実』新聞広告（朝日新聞　昭和31年7月10日）。併映が河津清三郎主演作なのが端境期なのを示している

てるぜ』等、何れも1億円を超す稼ぎで、デビュー1年で完全に日活を立て直したのだからスゴい。何しろ〝チャンバリスト〟の私でさえ、裕次郎アクションを片っ端から見ている。ヤワな二枚目のヘナチョコ時代劇よりはるかに惹かれたのだ。

私は『週刊大衆』記者の時、各誌の編集者、ライターと囲み取材したきりで、「ニュース特報」に移ってしまい、直接取材する機会がなかったのは残念だ。

『狂った果実』で売出した裕次郎だが、これ以後の『逆光線』『完全な遊戯』などの〝太陽族映画〟には出ず、田坂具隆監督の『乳母車』に出演。〝太陽族〟を目のカタキにするムキからも好感を持たれる役者ズレしていない魅力を見せたことは大きい。

『錆びたナイフ』をはじめとする一連のアクション映画は、それもカラーッとしていかにも男性的でスポーティなヒーローで活躍し、裕ちゃんファンを満足させた。私はウェスタンファンでもあり、ギャングものはじめアクション映画すべて大好き人間であるが、あまり陰湿な復讐ものや功利的な策謀をもって人を陥れたりするのはおヨビじゃない。あくまで男として堂々と悪と対決し、これをぶちのめす。それがいいのだ。私は裕次郎の豪快なところが好きである。同じアクションスターでも、いつも緊張してピリピリしているようなのはおヨビじゃない。やはりヒーローは、いつどこからでもかかって来いという強靱な肉体と意志を持ったタフガイでなければ、ファンは納得しない。ついでに言えば、脂こってりの七三分けヘアスタイルが現代ものスターの定番だったのを、あの前をバサッとやる、ちょっとクズレた型にしたのは裕次郎が最初だと思う。彼の出現は、とかく時代劇優勢だった日本映画界の地図を塗り替えるほどの勢いだったのだ。

それに忘れられないのは、彼の歌の魅力だ。彼の低音が映画とマッチして、テイチク専属となった。『俺は待ってるぜ』は10万枚を越す大ヒットだ。こうなるとその勢いはとどまるところを知らず、正月映画『嵐を呼ぶ男』は3億5600万円と稼ぎ出す空前の配給収入を日活にもたらし、彼もブルーリボン新人賞を受賞した。58年度も裕次郎ブームは続き、『錆びたナイフ』『夜の牙』『明日は明日の風が吹く』『赤い波止場』『嵐の中を突っ走れ』等のアクションものが、オール2億円以上。『陽のあたる坂道』はアクションものではなく、シリアスな作品だったが、これが4億円を稼ぐという具合いで、文句なしに日本一のスターになった。

ズブの素人が僅か2年たらずで映画界を席捲した。かつて長谷川一夫が林長二郎でデビューし、アレヨアレヨという間に日本中の女性ファンの人気の的となったケースもあるが、裕次郎もまた「金になる」と見たら徹底的に押しまくる日活の期待に応えて、58年から61年にかけて年間9本と出ずっぱりの活躍で、日本一のスターの地位はゆるぎもしなかった。

60年3月にかねてから噂のあった北原三枝と婚約、12月には結婚する。しかし、人気はチーとも衰えなかった。この頃は単なるアクションではなく、『青年の樹』『天下を取る』『銀座の恋の物語』『堂堂たる人生』等の一般的な文芸ものとかメロドラマに軸足が傾いたが、彼の芸域が拡がり、ますますその存在感を高めることになった。

映画〝狂った果実〟みて
「退学」勧告される
前橋で女子高校生二人

当時の新聞、雑誌は「太陽族」批判が溢れていた（朝日新聞　昭和31年7月20日）

63年には、いよいよ石原プロモーションを設立。第1作『太平洋ひとりぼっち』を製作。これはアクションものじゃなく、かなり〝ひとりよがり〟な芝居のセミ・ドキュメンタリー的作品で、第18回芸術祭賞を獲得した。彼自身は十分満足しただろうが、私なんぞは余り興味ないので見なかった。だが、こういう未知の分野に取組む彼の熱意とか度胸を大いに買う。

66年、浅丘ルリ子共演の『二人の世界』が3週続映のヒット。この〝ムードアクション〟と謳った作品も受けて、彼の方向性は決まってきたと思う。日本人はタフで情熱的で明るいヒーローを好む。自己犠牲をいとわず、強い悪に立ち向かっていく。そういう男にシビレるのだ。しかしそういう男らしい堂々とした生き方は、だんだんもてはやされなくなった。

彼は独立プロを作った後で、多彩な俳優を使い『城取り』という時代劇も出した。それはそれで面白かったが、違和感を覚えた。背が高くサムライ姿も堂々としてはいるが、脚が長すぎるので、他のスターと比べてスワリが悪い。三船プロの『待ち伏せ』に出たり、東宝と提携して『影狩り』二部作等、時代物を出したが、正直いって裕次郎の時代物は違和感があって、私はあまり歓迎しない。

しかし、なんのかんのといっても石原プロを率いて、

『黒部の太陽』『栄光への5000キロ』等の大ヒットを生んだ。私は彼のスターとしての成長を喜ぶものの、大スターになるうち、肉体的に中年肥りし、三枚目の何とかいう役者に似てきたという指摘があって、ナールホドとうなずく始末。どっしりと貫禄を誇示する親分タイプは彼には合わない。年齢とともに顔も体も箔がついて、受けて立つ側になった裕次郎は、もう過去のヒーローだ。アクション映画のヒーローとして活躍した過去の面影を追うと、いささか切なくなる。会長とか社長とか、ボス役では十分おさまるが、別だんそれは裕次郎でなくともよいわけで、一丁上がりの感は否めない。

「♪俺らはドラマー　やくざなドラマー　俺らが歌えば嵐を呼ぶぜ」の裕ちゃんはどこに行ったのか？　と嘆きつつ、私の心は次第に離れていった。

別だん〝演技派〟であることを求めない。〝都会っ子〟だが、のびのびとした自然児のような感性を覚えるこのスターは、芸能界にスレずに堂々と〝輝ける星〟でありつづけて来た。しかし87年7月17日、彼は死去する。まだ55歳で、あまりにも早い死に、驚きと哀悼の念を禁じ得ない。しかし我が愛する好漢裕次郎の衰え老いた姿など見たくもないのは確かで、惜しまれて世を去った彼は至福の一生だったろうとも思い、せめて我らが裕次郎の、短くもあるが、トップスターとして惜しまれつつ世を去ったことにブラボーと声をかけるものだ。日本映画約一世紀の歴史の中で、おそらく十指に数えられるであろう裕次郎の遺影を偲びつつペンを措く。…彼の映画タイトルで目に入るものは「嵐」だ。『嵐を呼ぶ男』に始まって、『嵐の中を突っ走れ』『アラブの嵐』『嵐来たり去る』『嵐の勇者たち』といった一連のタイトルを並べるだけで裕次郎が甦ってくる。まさに彼は嵐を呼ぶ男だったのだ…。今年一月の石原プロ解散を知り、つい言わずもがなの思い出を書いてしまった。

（ながた・てつろう）

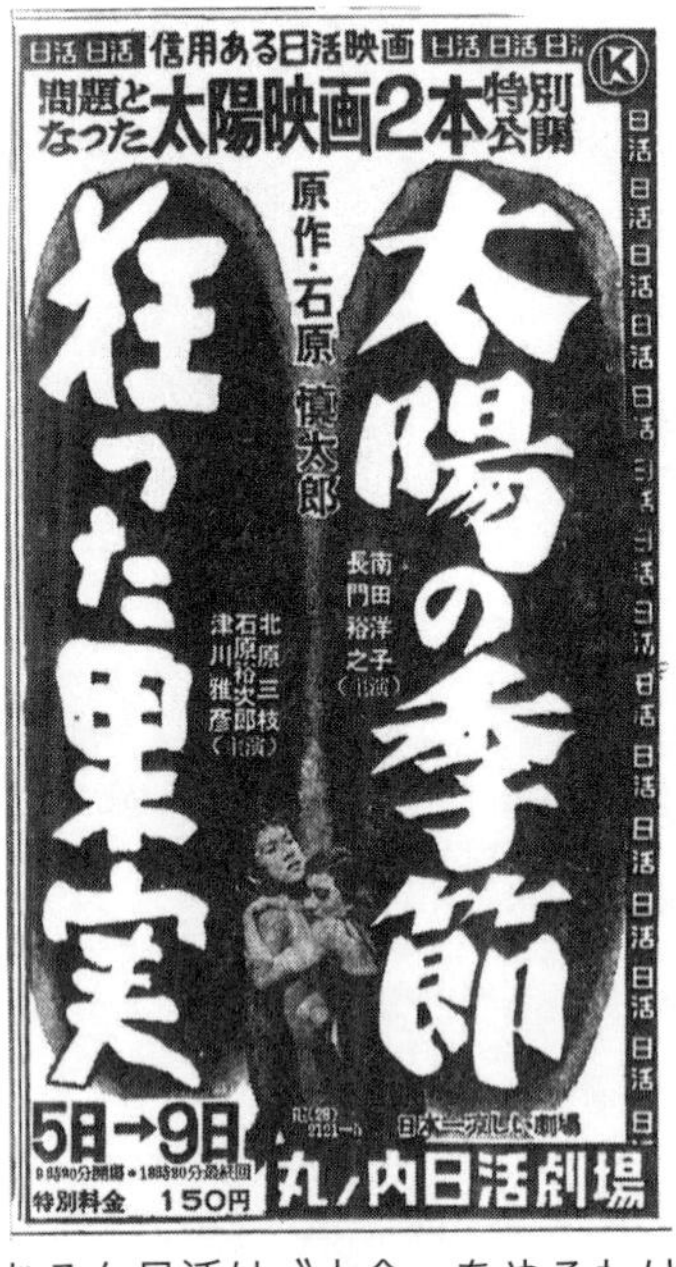

むろん日活は〝大会〟をやるわけで…（朝日新聞　昭和31年8月3日）

独立系成人映画再考
音楽篇3

新高恵子は〝歌手〟だった

東舎利樹

井上ひろし（１９４１〜１９８５）は神奈川県横浜市出身で、ザ・ドリフターズのヴォーカルなどを経てソロシンガーとしてデビューし、第12回ＮＨＫ紅白歌合戦では「別れの磯千鳥」を歌唱。また、西河克己「俺の故郷は大西部《ウエスタン》（60）」伊藤大輔「徳川家康（65）」などの映画にもでており、『狂熱の果て』にもワンシーンだけ出演して歌声を披露しているが曲目は不明。

竹村次郎（１９３３〜）は《日劇ミュージックホール》などの舞台音楽や、若松孝二『赤い犯行（64）』奥脇敏夫『甘い行為（69）』増村保造「大地の子守唄（76）」などの映画音楽を担当。その後は青江三奈「伊勢佐木町ブルース」大川栄策「さざんかの宿」そして都はるみの第18回日本レコード大賞大賞受賞曲「北の宿から」など歌謡曲の編曲を手がけている。なお【テレビドラマデータベース】によると、竹村作曲の「梶・美千子 愛のテーマ」が使われた加藤剛主演のテレビドラマ「人間の条件（62〜63放送）」には難波敏夫（監督）木俣和夫（助監督）や後述する白井多美雄（録音）といった、その後ピンク映画に関わるスタッフも参加し、第17話には美波十四郎／大鶴義英（＝唐十郎）／梅沢薫など、やはりピンク映画に縁のある人々が出ているらしい。

竹村次郎

今井重幸（１９３３〜２０１４）は伊福部昭の初期の弟子で、テレビドラマ／演劇／フラメンコなど幅広いジャンルの音楽を手がけ〝舞踏〟や〝土方巽〟の命名者でもあるが、黒川文男『肌が知っている（66）』の音楽を担当。『肌が〜』や関孝二『半処女（66）』などの製作をつとめた角田陽次郎〈陽二郎〉は、大島渚「飼育（61）」伊豆肇『おんな（64）』などに〝効果〟として参加。ちなみに今井が音楽を手がけた前田憲二のドキュメンタリー映画「神々の履歴書（88）」には大国主命《オオクニヌシノミコト》の末裔として伊福部昭も出演している。

新高恵子（１９３４〜）は青森県生まれで、山田勝仁「寺山修司に愛された女優」〈河出書房新社〉などによると東京文化短期大学家政科（現：新渡戸文化短期大学）を中退し、新宿の美人喫茶「ボア」で働いたり、文化放送の宣伝活動をおこなうマスコットガール「ミスＱＲ」などを経て〝藤田恵子〟の芸名で東芝レコードの準専属歌手（「ここにすみれ咲く」などの楽曲を録音したという話もあるがレコードは未確認）となってスター歌手の前座として地方のキャバレーを回ったりタレントとしてＣＭに出たり、田口哲「海よ俺らの歌に泣け（61）」に端役出演し、新藤孝衛『色と欲（65）』で本格的に

奥脇敏夫『甘い行為 (69)』。音楽・竹村次郎。写っているのは真湖道代 (現 : 代々木忠監督夫人) か

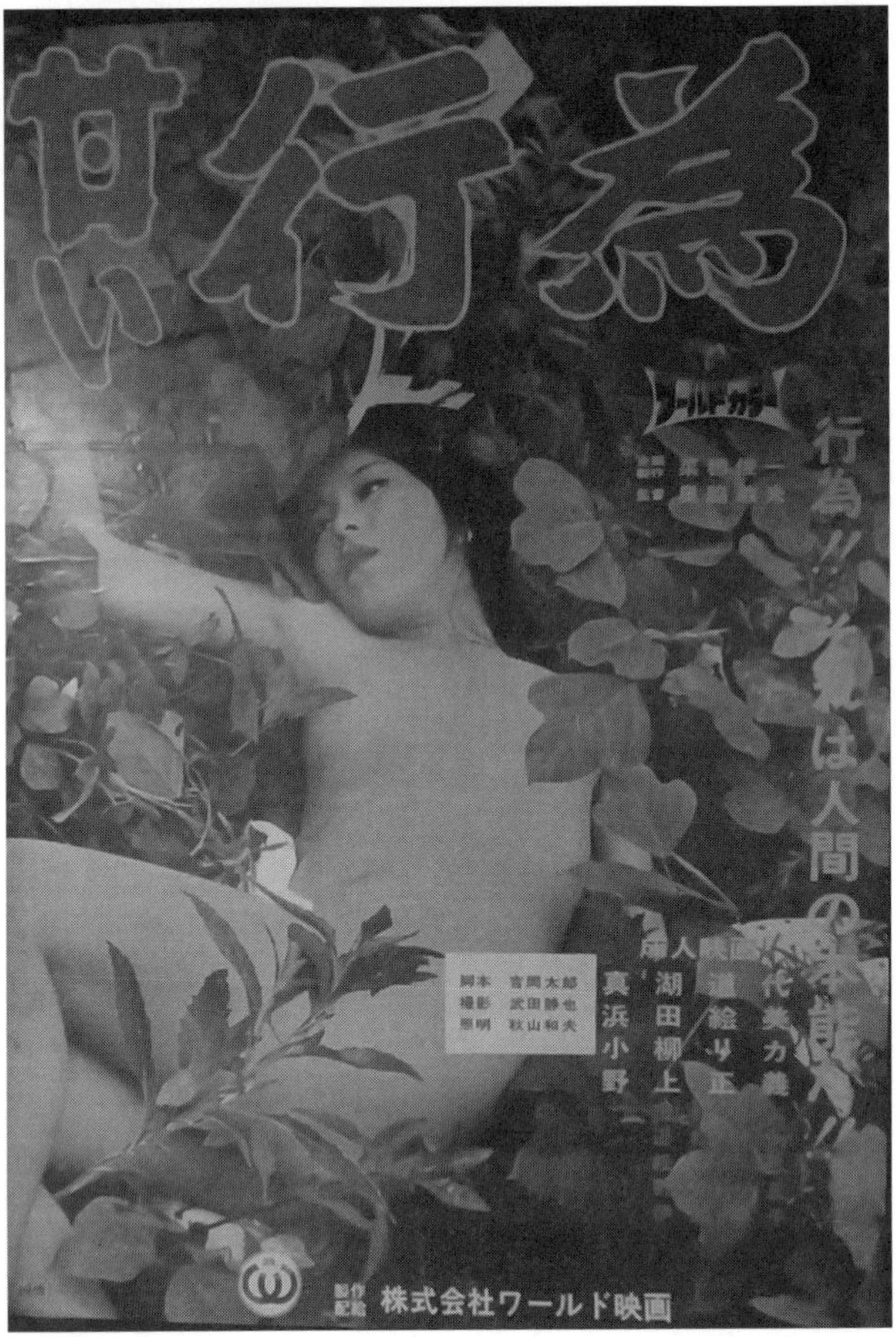

映画デビュー。新高恵子に改名後も新藤の『青春0地帯 雪の涯て(65)』若松孝二『歪んだ関係(65)』倉橋良介『背徳(65)』小川欽也『禁じられた乳房(66)』など多くのピンク映画に出ているが、高木丈夫&唐沢二郎が共同監督した『女・三百六十五夜(66)』の同名主題歌「女・三百六十五夜(作詞作曲:東儀一郎)」を新高が唄っている。1967年にはピンク映画の世界を離れ、彼女のファンで青森県立青森高等学校の同窓生でもある寺山修司が主宰する《演劇実験室 天井桟敷》へ入団。〝新高けい子〟の名前で舞台女優として活躍し、寺山が監督した「書を捨てよ町へ出よう(67)」「田園に死す(74)」「さらば箱舟(84)」といった映画にも出演。なお、東儀一郎(『歪んだ関係』高木丈夫『女の奥(66)』など飛田良『乳房の週末(66)』などの音楽を手がけた伊東儀太郎や小森白『処女生態(67)』『現代大悪女伝(69)』などの音楽担当・東儀太郎なども同一人物か?)は小森白『激痛(66)』山本晋也『痴漢の季節(68)』萩原遼『女犯刑罰史(69)』などピンク映画の音楽を数多く手がけているものの詳しい経歴は不明だが、高宮敬二のシングル「I《アイ》 LOVE《ラブ》 TOKYO《トウキョウ》(66・7発売)」〈ローヤル〉のB面曲「俺には苦手な恋なんだ」や美川サチのシングル「薬研堀ブルース(69・1発売)」〈UNION〉などの編曲として伊東義太郎の名前があり、伊東が音楽を担当した『歪んだ関係』には〝藤

高木丈夫・唐沢二郎『女・三百六十五夜 (66)』。写っているのは新高恵子。見づらいが右下に「唄・新高恵子」と

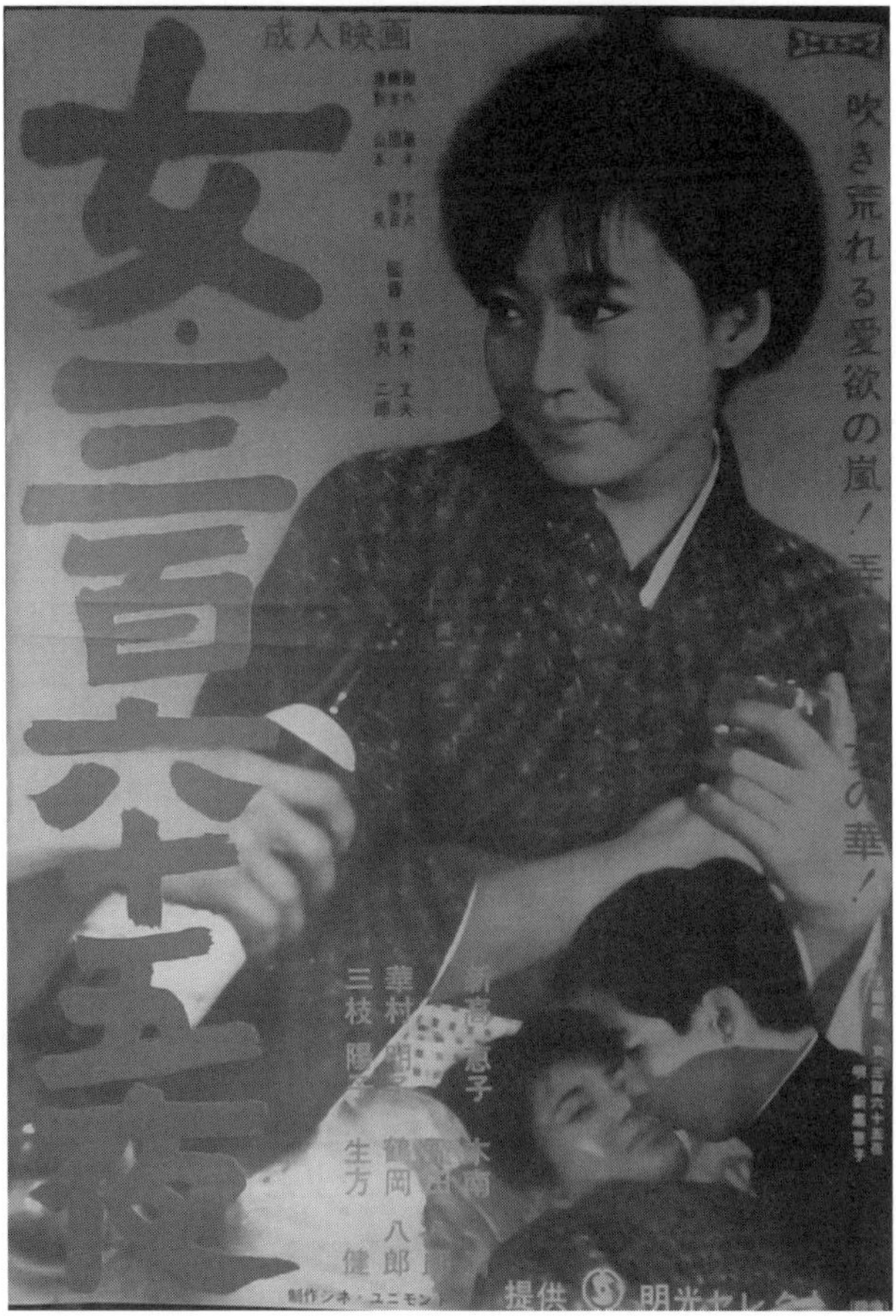

田功〃時代の曽根幸明が出演し、曽根が作曲し園まりが唄った「夢は夜ひらく」の作詞を富田清吾と共に手がけたのが中村泰士で、その中村は伊東が編曲した「薬研堀～」の作曲者だったりと、伊東（＝東？）／曽根／中村は互いに仕事上での繋がりが。ちなみに「海よ俺らの歌に泣け」の製作（風祭清隆と共同）＆音楽は、新高が出演した西原儀一『肉体の報酬（65）』『愛欲の果て（66）』千葉隆志（＝西原儀一）『情事に賭けろ（65）』『くずれる女（66）』などの音楽も手がけた吉野達彌（1925～）である。

奈加佐恵はテレビアニメ「ぺペの大サーカス（66放送）」などの脚本家で、新高恵子も出演した甲斐清二『女肌（66）』の主題歌「曲名不詳（作曲：胡葉泉／歌：鈴木英子）」の作詞も手がけているが、胡葉泉《このはいずみ?》や鈴木らの経歴は不明。

木村新弥（1934～1976）は兵庫県生まれで、大阪音楽大学を卒業し上京。ジョージ川口（ds）八木正生（pf）松本英彦（ts）渡辺貞夫（as）らによる「ジョージ川口とビッグ・フォア・プラス・ワン」や、松本英彦（ts）世良譲（pf）沢田駿吾（g）猪俣猛（ds）らとの「松本英彦とスリーピーラテン楽団」などで活躍したジャズ・ベーシストで、ジャズ・セッションの企画制作を手がけるプロモーターとして《エスパー・

梅沢薫『濡れ牡丹　五悪人暴行編 (70)』。音楽・木村新弥。
拳銃を持ったアップの写真は真湖道代

プロ》を設立し代表もつとめたが、大和屋竺が〝日野洸〟名義で脚本を執筆し梅沢薫が監督した『濡れ牡丹 五悪人暴行編（70）』の音楽を担当。フランキー堺とジョージ川口のアルバム「白熱のドラム合戦（76発売）」〈VICTOR〉で演奏した「ジャパン・オールスターズ」のメンバーでもあったが、グランドホテル浜松出演中に肝硬変で急逝し、同盤は木村の遺作となった。やはり大和屋が〝日野洸〟名義で脚本を書いた渡辺護『おんな地獄唄 尺八弁天（70）』の照明・栗木一雄は、ビデオ用短編と思われる桑原応記『国際線の情事（70）』やアレクサンドル・ミッタ監督の日本・ソ連合作映画「未来への伝言（90／渡辺実・渡辺清と共同）」の照明も手がけ、渡辺護『シロクロ夫婦（70）』千葉隆志（＝西原儀一）『可愛い悪女たちの性宴（72）』などの照明・栗本和夫／佐々木元『昭和色豪伝 浮気のテクニック（70）』の栗田（栗本？）進／『好色数え唄 私を泣かせて（70）』の栗本訓好（一男？）／『赤線団地夫人（70）』の栗田進（栗本訓信？）なども同一人物か？

小林郁夫（1935～2016）は東京都立大学心理学科を卒業し、克美しげるがレコードデビューした洋楽カヴァー「霧の中のジョニー（62・1・発売）」などで編曲を手がけ、1962年には三木鶏郎企画研究所テレビ工房に参加しているが、映画史研究家の牧野守（１９３０〜）が監督した『黒い血のうずき（64）』の音楽も担当。のちに三木が命名した〝はやし・こば〟へと名を改め、コバ・ミュージック出版株式会社を設立。「カバトット（71〜72放送）」「とんでも戦士ムテキング（80〜81放送）」といったテレビアニメや、ミスタードーナツの「いいことあるぞ」などのCM音楽も手がけ、俳優として市川準「BU・SU（87／辰巳役）」「東京夜曲（97／浜中の父役）」「ざわざわ下北沢（00／有希の祖父役）」などに出演し、宮崎駿「千と千尋の神隠し（01）」では声優として河の神役を演じている。余談だが、かしわ哲（林静一『夜にほほよせ〈別題：SEX予備軍 狂い咲き〉』に出演）が１９８４年に「元祖エリマキトカゲ音頭」〈キング〉を出したことは前に書いたが、はやし・こばも同曲リリースの二週間前に「あのエリマキトカゲの唄／ぼくはエリマキトカゲ受験生」〈クラウン〉という企画盤シングルを発売。また、音楽エッセイ集「オタマジャクシ村への招待状（87・11・1刊）」〈大阪書籍〉を上梓し、CDアルバム「はやし・こばCM WORKS（11・6・8発売）」〈ウルトラヴァイヴ〉なども。なお『黒い血〜』の撮影・深見政四郎はテレビドラマ「人間の條件（62〜63放送）」や南部泰三『女体難波船（64）』関孝二『毒唇（65）』などで撮影を。また、深見と共に『黒い血〜』の撮影を手がけた安承紋とは、女優の望月優子が監督した中編作品「ここに生きる（62／40分）」李學仁《イーハギン》「異邦人の河（75）」山田典吾「はだしのゲン（76）」などで撮影を担当した安承玟《アンスンミン》（?〜１９８９）の事ではないか。各種データベースでは最後の【玟】の文字が表示されにくかったりするので【安承紋】【安承攻】などと表記されたりもするが、『黒い血〜』に参加したのは『情怨の渦（64）』などのピンク映画をのちに監督する大橋秀夫の短編映画「猫の散歩（62／30分／２００６年発売のDVD「昭和30年代の日本・家族の生活 都会のくらし②」に収録）」の撮影を安が手がけたという縁もあるのかも。ちなみに「異邦人の河」は在日朝鮮人が監督した最初の長編劇映画であり、製作した緑豆社は李（韓国籍）と安（朝鮮民主主義人民共和国籍）による独立プロダクションで、ロックバンド「キャロル」のメンバーだったジョニー大倉が本名の〝朴雲煥《パクウナン》〟名義で主演している。また『黒い血〜』の照明・内藤伊三郎は山本薩夫「荷車の歌（59）」新藤兼人「人間（61）」などでも照明を手がけ、新藤の「女優（56）」では安が撮影助手として、内藤が照明助手として参加。

石井眞木（１９３６〜２００３）は舞踏家・石井漠《ばく》の三男として生まれ、伊福部昭などに師事。交響詩／バレエ音楽／オペラなど様々なジャンルで仕事をしている現代音楽の作曲家だが、「日本劇映画作品目録」〈日本映画製作者連盟〉を見ると、監督編でふれた三國連太郎の監督作品『腐肉の群れ〈「台風」の再編集版？〉（65）』の音楽担当として石井の名前がある。他にも武田敦「翼の詩（62）」（日本航空）／北條美樹「水を創る（75）」（栗田工業）など企業のPR映画や、実相寺昭雄「帝都物語（88）」などで音楽を担当し、尾高賞（76）中島健蔵音楽賞（85）紫綬褒章（99）などを受賞&受章している。

猪俣猛（1936〜）は兵庫県宝塚市生まれのジャズドラマーで「渡辺晋とシックスジョーズ」「西條孝之介とウエストライナーズ」などでの活動のほかに井上梅次「嵐を呼ぶ男（58）」で国分正一（石原裕次郎）のライバルであるチャーリー桜田（笈田敏夫）のドラム音の吹替をしているが、小山甫『ユートピア・ベイビイ（68）』の音楽を【猪俣猛&ウエスト・ライナーズ】として担当。その後は尾崎紀世彦「また逢う日まで」でドラムを叩いたり、1994年にNYのカーネギーホールでコンサートを成功させ、1996年には第21回南里文雄賞を受賞しているが、詳しい経歴については「カーネギーへの道 猪俣猛のMy Way（96・2刊）」〈南雲堂〉を参照のこと。ちなみに猪俣猛トリオ名義のCDアルバム「FEVER（93・2・1発売）」〈GML〉には猪俣猛がドラム／妻のテリー水島がヴォーカル／娘の猪俣優子がパーカッションとして参加。また「猪俣猛60周年コンサート I LOVE MUSIC（09・7・5／サントリーホール大ホール）」のパンフレットには猪俣と交流があったソニー・ロリンズ／ジョルジュ・ムスタキ／スティーブ・ガットといった人々との写真や猪俣が関わったアルバムのジャケット写真もあり、永六輔／雪村いづみ／瀬川昌久／山本邦山／山川啓介／小林克也などからのお祝いメッセージも多数寄せられ、付属のDVD「猪俣猛 音楽生活60周年記念 ザ・ドラム・イズ・マイ・ライフ」はPart1〜4で計156分という充実した内容。

神戸《かんべ》一郎（1938〜2014）は神戸商科大学卒で、1957年に第8回コロムビア全国歌謡コンクールで優勝して専属歌手となり、作曲家の上原げんとに師事。同年12月に「十代の恋よさようなら」でデビューし、NHK紅白歌合戦には第9〜12回の4年連続出場を果たしているが、南部泰三『女郎船《おちょろ》 私は後悔しない（59）』のポスターには主題歌（曲名不詳）として神戸の名前がある。ただ「小笛みどり」なる経歴不明の歌手が主題歌を唄っているという情報もあり、池袋フランス座で『女郎船〜』が公開されたとき〝特別出演〟として舞台に立った（歌を唄った）という新聞広告もあるが、神戸がそのまま主題歌を唄ったのか、同じコロムビアの歌手である小笛に変更したのか、二人とも何らかの形で『女郎船〜』に関わっているのかは不明。

猪俣公章（1938〜1993）は日本大学藝術学部音楽科三年生のころ知人の紹介で古賀政男の門下生になったが、鈴木ヤスシ「僕の手でよかったら（64発売）」で作曲家デビューする以前に若松孝二『悪のもだえ（63）』

牧野守『黒い血のうずき (64)』。音楽・小林郁夫（はやし・こば）

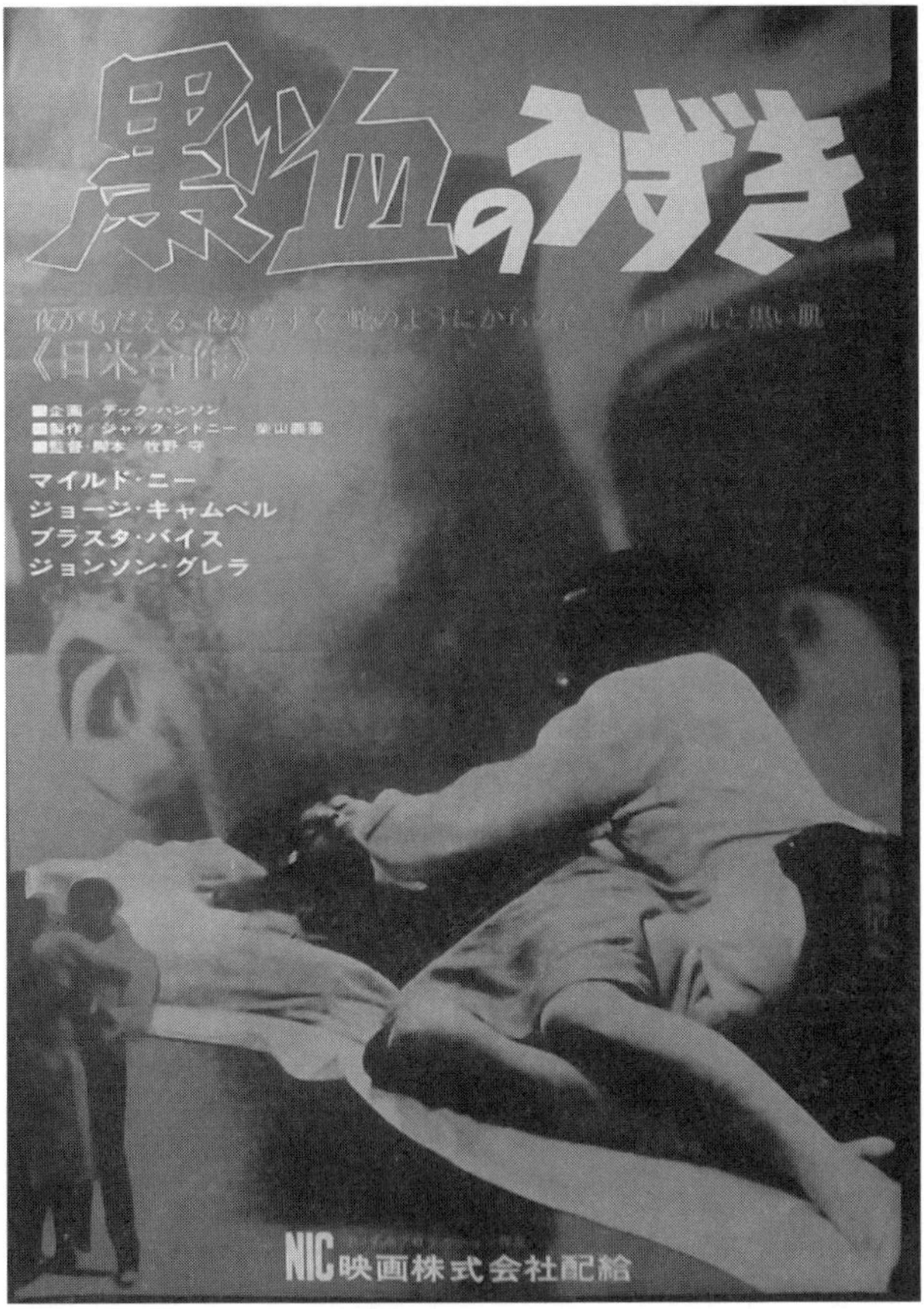

で音楽を担当。第13回日本レコード大賞で森進一が最優秀歌唱賞を獲得した「おふくろさん」マルシア「ふりむけばヨコハマ」など多くのヒット曲を作曲し、歌手の坂本冬美やマルシアを育てた事でも有名だが、特撮ドラマ「シルバー仮面（71放送）」の主題歌「故郷は地球」のように猪俣が作曲&既出の竹村次郎が編曲を手がけた楽曲も。また、武智鉄二『華魁（83）』で徳原みつるが唄う主題歌「愛は哀しみをこえて」&挿入歌「夜よ行かないで」の作曲も猪俣で、松崎しげる「愛のメモリー」などの作詞家・たかたかし（1934〜）&欧陽菲菲「ラヴ・イズ・オーヴァー」などの編曲家・若草恵《けい》（1949〜）も楽曲制作に参加し、第49回日本レコード大賞で特別功労賞を受賞した掛昇一が音楽プロデューサーを担当。

吉田征雄（1938OR39〜）は武田有生『恍惚の宴（70）』『人生寝わざ日記（71）』といったピンク映画の音楽を。その後は「スペクトルマン（71〜72放送）」「怪傑ライオン丸（72〜73放送）」「電人ザボーガー（74〜75放送）」といった特撮ドラマの選曲が多いが、武田の『性蝕鬼（71）』などの音楽を担当した〝吉田行雄〞も同一人物（誤記？）か。

佐藤允彦《まさひこ》（1941〜）は慶應義塾大学経済学部を卒業し、留学先のバークリー音楽院（現：バークリー音楽大学）で作曲や編曲を学んだジャズピ

小山甫『ユートピア・ベイビイ (68)』音楽・猪俣猛＆ウエスト・ライナーズ。女は厚木優子、男は福田善晴と思われる

アニストだが、大和屋竺『裏切りの季節（66）』宮崎駿脚本&高畑勲演出のアニメ「パンダ・コパンダ（72）」大和屋が脚本を書いた西村潔「青年の樹（77）」ピンク映画制作の現場をモチーフにした森崎東「ロケーション（80）」などで音楽を手がけ、1971年に結婚（1978年離婚）した中山千夏とは「六つのこころみ（71・10発売）」「ふたりのひとりごと〈まさか夫婦の作品集〉（73・5発売）」「なぞなぞな（75・1発売／宇野誠一郎も作曲で参加）」「千夏—あるひとりの女（75・10発売）」という4枚のアルバムを共同製作し、中山のシングル「ほそい銀色の雨／はじまり（71・12発売）」も佐藤が作曲&編曲を担当。また、雑誌「ジャズ批評No.174」〈ジャズ批評社〉の特集〝日本映画とジャズ〟には佐藤のインタビュー記事も掲載され『裏切りの季節』についてふれている。

山下洋輔（1942〜）は東京府渋谷区金王町（現…東京都渋谷区渋谷2〜3丁目）生まれで、麻布高等学校を卒業するとすぐプロのジャズ・ピアニストとして働き始めるが、2年後に国《くに》立《たち》音楽大学作曲科に入学し、在学中に結成した富樫雅彦カルテットや渡辺貞夫のグ

武田有生『恍惚の宴 (70)』。音楽・吉田征雄。写っているのは浅川洋子か

ループなどに参加。1969年には山下洋輔トリオを結成しているが、大和屋竺『荒野のダッチワイフ(67)』若松孝二『性犯罪(67)』『天使の恍惚(72)』といったピンク映画や、タモリ(↑山下や赤塚不二夫らが発掘)主演による浅井慎平「キッドナップ・ブルース(82)」山下の友人でもある作家・筒井康隆の原作を映画化した中村幻児「ウィークエンド・シャッフル(82)」内藤誠「スタア(86)」岡本喜八「ジャズ大名(86)」元・若松プロの秋山道男がプロデューサーをつとめ主人公の義父役で出演もしている荒戸源次郎「ファザーファッカー(95)」などで音楽を担当し、今村昌平「カンゾー先生(88)」での仕事により毎日映画コンクール音楽賞/日本アカデミー賞優秀音楽賞などを、また、芸術選奨文部大臣賞(99)紫綬褒章(03)織部賞(05)旭日小綬章(12)なども受賞&受章。なお、山下洋輔トリオが1969年7月にバリケード封鎖された早稲田大学本部キャンパス4号館(現・8号館)地下一階にておこなった演奏の様子は、田原総一朗演出による東京12チャンネル(現・テレビ東京)の番組「ドキュメンタリー青春 バリケードの中のジャズ~ゲバ学生対猛烈ピアニスト~(69・7・18放送)」にて流れ、のちにDVD「田原総一朗の遺言 タブーに挑んだ50年! 未来への対話(11・12・21発売)」〈ポニーキャニオン〉にも収録。

内田高子がワンシーンのみ特別出演で「ベッドで煙草を吸わないで」を唄う向井寛『ブルーフィルムの女 (69)』。アップで写っているのはヒロイン役の新人・橋本実紀

その音源は『荒野のダッチワイフ』出演者でもある麿赤児と作家の立松和平（立松の短編小説「今も時だ」はこのライヴが題材）の手による自主制作盤「DANCING古事記」〈麿レコード〉として3000枚プレスされ、CDとしても1995年（貞鍊結社）2008年（ディウレコード）2013年（SUPER FUJI DISCS）に再発。また、公開から36年を経て初ソフト化されたサントラCD「若松孝二傑作選1：天使の恍惚（08・10・4発売）」〈SOLID RECORDS〉や、そこから「ここは静かな最前線／横山リエ」「天使の恍惚 M～3／山下洋輔トリオ（ショート・ヴァージョン）」を選んで収録した7インチシングル「天使の恍惚（17・7・26発売）」そして佐藤允彦（裏切りの季節）山下洋輔トリオ（天使の恍惚）の楽曲も収録したサントラCD「若松孝二傑作選5：アヴァンギャルド&フリー（09・1・14発売）」などもある。ちなみに山下はエッセイストとしても有名で「ピアノ弾きよじれ旅（刊）」〈徳間書店〉「ドバラダ門（刊）」〈新潮社〉といった著作も多い。

相倉久人（1931～2015）は東京府荏原郡馬込町（現：東京都大田区）生まれで、東京大学文学部美学美術史学科在学

中からジャズ評論家として活動（大学は中退）を始め、山下洋輔らミュージシャンだけでなく、作家の筒井康隆や漫画家の赤塚不二夫らとも交流があるが、大和屋竺『荒野のダッチワイフ（67）』は山下洋輔カルテットが1時間ぶっ続けで演奏したものを相倉が編集したテープを用いた作品であり、大和屋の『毛の生えた拳銃〈別題：犯す〉（68）』に音楽としてクレジットされた〝猿渡十三〟も音楽監修で参加した相倉の変名らしい。命名の由来は不明だが、久人の〝サト〟をひっくり返してくっつけ〝サト・トサ〟とし漢字を当てたのかも。また〈特別出演〉として女装した下着姿で乱交パーティー場面にチラッと登場（↑〝相倉久人（子）？〟とクレジット）もしている相倉は、2009年に発売された『毛の～』のサントラCDにインタビュー（構成：磯田勉）も収録。なお、当初は『荒野の～』に続いて『毛の～』の演奏にも参加する予定だった山下洋輔カルテットだが、山下（ピアノ）が病気により降板&吉沢元治（ベース）も辞退を表明し、中村誠一（テナー・サックス）&森山威夫（ドラム）に、森山が連れてきた芸大生（ピアノ）を加えたトリオで演奏している。余談だが「ミリオンムック75 昭和の謎99 2020 初夏の号」〈大洋図書〉に掲載された高鳥都さんの記事「日本映画史から忘れ去られた男」によると、宍戸睦郎やヨリ寺部の項でふれた井出昭『地球を喰う（66）』で撮影を手がけたカメラマンのひとり〝アシャー・Y・ハムゼン〟というのは大和屋竺の変名らしく、シンガポールで井出と出会い、ヒンドゥー教の苦行を撮影したようだ。

内田高子（1942～）は千葉県銚子市生まれで、伊仏合作映画「セクシーの夜」のキャンペーンとして開催されたネグリジェ・コンテストにて第1位を獲得し、同作公開の翌（1963）年8月にシングル「粋なネグリジェ」で歌手デビュー。女優としても「特別機動捜査隊／第99回：大いなる代償（63・9・18放送）」「アジアの曙（64～65放送）」などのテレビドラマや、新藤孝衛『肉体ドライブ（65）』長谷川安人「忍法忠臣蔵（65／鞘絵役）」大貫正義『好色森の石松（65／お蝶さん役）』武智鉄二『黒い雪（65／娼婦ユリ役）』小川欽也『女王蜂の欲情（66）』野村孝「鮮血の賭場（68／ミツ役）」向井寛『日本処女暗黒史（69）』といった多数の映画に出演するも向井寛と結婚後に引退している（2009年に女優復帰）が、向井の『ブルーフィルムの女（69）』ではキャバレー店内の場面にスケスケのネグリジェを着た歌手役で登場し「ベッドで煙草を吸わないで（作詞：岩谷時子／作曲：いずみたく）」を唄っている。同曲は1966年4月に発売された沢たまきのシングル（当初は「教えて頂だい」のB面曲だったが後にAB面を入れ換え再発）を内田がカヴァーして同年9月にテイチクから発売したもの。

（ひがしや・としき）

空想科学映画が好きだった

加納一朗遺文

渋谷道玄坂の入口、現在工務会社の大きなビルが建っている場所に、道玄坂キネマという洋画の二番館か三番館があった。この館は戦時下の空襲で焼けてしまったが、かつてそこに映画館があったという記念碑？が残っている。小学生のころ私はこの館によく通った。ここでは週替わりで居間でいうＳＦ映画や怪奇映画の二本立――それも毎日、日替わりだから、その日に観なければ見損なう映画をときどきやっていた。フランケンシュタインやドラキュラ、〝空想科学映画〟――それらを全部見に行けたわけではないが、どうしても見たいと思うと、小遣いをはたいて通ったものである。多分十歳くらいのことだ。もっとも入場料は子供五銭という時代である。一九三七、八年のころのことだ。ちょうど日支事変が始まったころで、連日のように出征する兵士たちを送る愛国婦人会の女性たちや、女性たちに千人針を依頼する家族の姿があった。まだ戦火の影は濃く、〝輝かしい戦果〟の報道が、連日のニュースを賑わしていた。デパートの屋上では移動映写隊が各社のニュース映画を上映し、観客はそこに映される戦果に魅入られていた。

もうそれらは八十年近くも過去である。

そして――この道玄坂キネマに『超人対火星人』『原子大戦争』『海底下の奇蹟人間』『化石人間』などを見に通って、小学校三年生の私は胸を躍らせたものである。

『化石人間』

〝超人〟〝海底〟〝化石〟の三本は連続映画の短縮版とのちに知ったが、当時十歳の少年の胸をときめかすには充分であった。後年、私はSFがスキになり、海野十三さんなどから蔵書を送られるようになり、SFマガジンや単行本の書下ろしなどにかかわったのも、このころからの〝空想科学〟好きが育ったのかも知れない。

それから年月が経って、ミステリーの評論家でもあった新潟大学の学長だった大内茂男さんから、『超人対火星人』の全篇（『フラッシュ・ゴードン』36年）のビデオをいただいた。これを今見ると短縮版のほうがエッセンスを凝縮しているせいか、全篇はあまり面白くない。こっちが年を加えてきたせいだろうか。

加納一朗さん（左）は日本映画にも造詣が深かった。栗島すみ子、牛原虚彦と

のちにこの映画のポルノ版（『フレッシュ・ゴードン』74年）が公開されているが、これもまた面白くない。しかしこれの短縮版が〝空想科学〟への魅力を最初に私に植えつけた映画として、いまも生々しく記憶に残っているのである。これを契機として『海底下の科学戦』などを次々にみたことで、私のSF映画好きはいまも続いている。

そしてホラーである。ベラ・ルゴシのドラキュラにはあまり感激しなかったが、フランケンシュタインは、サイレントのころから大体見てきた。その一番古いものは一九〇七年のエジソン作品の『フランケンシュタイン』である。上映時間は約十分。これがフランケンシュタインの最古のフィルムであろう。監督はJ・サール・ドーリーという人で、チャールズ・オーグルという人がフランケンシュタイン・モンスターに扮している。後年のモンスターとはだいぶ恰好が違っている。普通の人間がやや化物に近くなった程度だ。このフィルムは資料として某大学に今もあると思う。

だがフランケンシュタインやドラキュラは〝空想科学映画〟という範疇には入れ難い。やはり私の原点は『超人対火星人』に発するのだろう。ただタイトルは火星人

『超人対火星人』。バスター・クラブ

だが、実際はモンゴという未知の惑星の住人である。十歳の私はこの映画に感激し、『海底下の科学戦』や『原子大戦争』などに登場する今にして思えばブリキ製のロボットに眼をみはったのだ。しかし、そのころには後年のSFに登場する哲学的な思想や悲観的な未来観はない。ただH・G・ウェルズの原作による『来るべき世界』などが、やがて起こる第二次世界大戦を暗示しているようでもあった。この作品はイギリスのロンドン・フィルム作品でアレキサンダー・コルダがプロデュースし、レイモンド・マッセイが科学者の主人公を演じている。あたかも独裁者が支配する圧政下の祖国を解放するために、新発明の航空機を開発して、祖国を救うのだが、これは当時のドイツと英国の関係を反映した作品と言えるだろう。この映画が製作されたのは一九三六年、ヨーロッパに暗雲が漂いはじめたころである。

映画初期の空想科学的フィルムを見たくて、それらを保存している大学の資料を見る機会が何度かあった。なかでも印象的で記憶に残っているのは一九〇七年のフランス、スターフィルムの『月世界旅行』である。わずか八分のフィルムだが、ジョルジュ・メリエスらしくロケットが月に衝突すると月が痛そうに〝顔〟（月そのもの）をしかめたりする。このフィルムは一部が着色されている。一九〇七年——一世紀以上前にも人は宇宙に対してさまざまな夢を抱き、それを視覚化していたと思うと、太古から人間は宇宙への飛躍を希んでいたのが、神話や文学の世界だけではなく、視覚による現実として表現されるようになったことに大きな飛躍があった。これも動く絵――映画が発明され、さまざまなトリック撮影が開発されるようになったきっかけだが、その段階の最初の功績者としてメリエスの名は忘れられない。メリエスは奇術応用のトリック映画を数多く作っているが、これらを映画が持つ魅力として発表してきたことは疑う余地がない。一九〇〇年代の初めごろは、各種のトリック作品が多く生産された時代で、SF映画の種々はこの時代に胤が蒔かれたともいえる。同時に超常現象、超科学、超未来などなどが視覚化され、具体化されて現在の人々を、さらなる未来と未知の世界へ誘うのである。

SF映画の一分野と怪奇映画の一分野とは共通するようである。『エイリアン』(米・FOX・一九七九)などはその一例であろう。怪奇映画にはSF的要素があり、SFにも怪奇映画の要素があるからだ。たとえばH・G・ウェルズの原作を元にした『ドクター・モローの島』(米77)や『溶解人間』(同)などはSFとホラーが好きな観客には受けたのではなかろうか。これに類するものには『魔鬼雨』(監督ロバート・フュースト・米・76 エディ・アルバート、アーネスト・ボーグナイン)などというのがあった。この年にはジュール・ヴェルヌ原作の『ミステリー島探検・地底人間の謎』やターザンの原作者エドガー・バロウズの『地底王国』、ドキュメンタリーの『恐怖・怪奇・悪霊・超常現象の世界』(西独・76)、そして『オーメン』などが公開された。

紀元二千年を十五年経過した現在、現実は地球上に紛争の種は尽きず、一方で宇宙への関心が以前よりも薄くなっているように思われるのは私だけだろうか。私の好む怪奇映画も減っているのは、B級SFやホラーが変質してきたせいもあるし、プログラム・ピクチュアに、その種の映画が登場することは、このところお目にかかったことがないのは、私としては残念である。一例をあげれば今から三十五年前にはSFやホラーが各十本ずつ公開されている。その次の年一九八一年にはSFが十六本、怪奇映画が十五本公開されている(日本映画は含まない)。そして、この種の映画が少なかったのは一九六八年、レイ・ブラッドベリの『華氏451』が公開された年のわずか六本であった。もっともそれ以前、まだ終戦から二年目の一九四七年には、たった二本だったが。

(かのう・いちろう)

＊編輯部注：本稿は筆者に「いずれ改稿したい」との意向がありストックとなっていたもの。ご病気などもあり、改稿がなされないままとなってしまった。

誤記あり改題あり

新東宝全映画の追跡調査

最上敏信

地上波テレビで映画、特に日本映画の旧作の放映がなくなって久しい。代わりにBS・CS有料衛星放送から毎日数百本放映されている。一九六一年八月、倒産した新東宝は、邦画五社からの猛烈な反対を受けながら背に腹はかえられず五五九本（異説もかなりある）の新東宝のテレビ放映権を東京キー局へ売却した。これは事実なのか？　新聞縮刷版のラジオテレビ番組表から放映の有無を確認した。結果、一九六一年九月二五日から一九六七年一月二七日までの五年間で新東宝は、④日本テレビ八六本、お好み映画館⑥TBSテレビ四一九本、奥さま映画劇場⑧フジテレビ二二六本の合計七三一本（再映を含む）が放映された。新聞記事などの発表本数よりも本数が上回っているのは、同じ映画を各局が放映されたこともあるが、御存じ新東宝改題縮尺版の存在がある。「鬼姫しぐれ↓疾風鬼姫街道」「色ごよみ権九郎旅日記↓森繁の色暦東下り」「娘ごころは恥づかしうれし↓ジャジャ馬娘婿取り合戦」「わが名はペテン師↓森繁のペテン王〝わが名はペテン師〟より」「思春の泉↓草を刈る娘」「女大学野球狂時代↓高島忠夫の野球狂時代」そして新発見の題名「南部騒動姐妃のお百↓妖雲漂う南部藩」などでいずれも改題版の公開日が不明なのがとても不思議である。

新聞にあるラ・テ欄は活字数の制限があるので、誤記やサブタイトルの省略もあり、戦前か戦後、邦画か洋画、どこの製作配給会社かの確認、そして新東宝に多い改題縮尺版と、いくつもの区分のハードルがあり信じられない時間が掛かったが、また得たものも大きい。「風雲新選組」は、前篇後篇の放映があり、当時劇場公開はされなかったが「続風雲新選組」の存在が確認できた。ちなみに新選組映画は、現在尚調査中だが、戦前二〇三本、戦後最新作「燃えよ剣」まで六五本の合計二六八本あり、戦後の題名で手偏の「新撰組」の題名は皆無である。

一九五六年六月二七日公開「渡邊邦男・嵐寛寿郎二百本記念映画　御靈佐倉大騒動」は記念モノと呼ばれる映画だが、二百本目、と目を付けないトコロが賢い選択で、実際に本数を数えると、渡邊邦男監督作で一八二本目、嵐寛寿郎に至っては二四〇本目である。ついでに一九五九年四月二九日公開、「嵐寛寿郎三百本記念映画　影法師捕物帖」は二六四本目だった。別段これは本数の切り上げをしている訳ではなく、想像であるがプロデューサーが題名の惹句として大作風の重みをつけたハッタリだ！と思う。

以前も書いたが、大佛次郎原作「鞍馬天狗」（東千代之介で五作品）と佐々木味津三原作「右門捕物帖」（大友柳太朗で七作品）は当時映画化の権利が東映にあり、新東宝ではアラカン代表作は製作できないのだ。ちなみに時代劇大スターの阪妻、大河内、千恵藏に記念モノの題名はなく、嵐寛、右太衛門、長谷川一夫、月形龍之介が確認できた。

当時新東宝は製作能力が足りない中で他社のように二本立て公開をする必要があり、戦前人気のあるスターが多く活躍した日活時代劇映画に目をつけたが、日活再開が開始され新東宝への委託配給は中止となる。記録のために以下に公開順に列記する。

〈01〉一九五一年五月二五日公開、阪東妻三郎主演「牢獄の花嫁」総集篇
〈02〉一九五一年六月一日公開、嵐寛壽郎主演「鞍馬天狗龍驤虎搏の巻」
〈03〉一九五一年六月一五日公開、嵐寛壽郎主演「髑髏銭」総輯版
〈04〉一九五一年七月二〇日公開、阪東妻三郎主演「柳生月影抄」
〈05〉一九五一年八月一七日公開、原健作主演「まぼろし城」総集篇
〈06〉一九五一年九月七日公開、片岡千恵蔵主演「神變麝香猫」
〈07〉一九五一年九月二一日公開、嵐寛壽郎主演「鞍馬天狗逆襲篇」
〈08〉一九五一年一〇月二八日公開、嵐寛壽郎主演「天狗廻狀」
〈09〉一九五一年一〇月二八日公開、大河内傳次郎主演「關の彌太ッぺ」
〈10〉一九五一年一一月三〇日公開、嵐寛壽郎主演「相馬大作誠忠録江戸の龍虎」
〈11〉一九五二年一月二四日公開、片岡千恵藏主演「鴛鴦道中」
〈12〉一九五二年一月二四日公開、河原崎長一郎主演「河内山宗俊」
〈13〉一九五二年二月二二日公開、尾上菊太郎主演「三味線やくざ」
〈14〉一九五二年二月二九日公開、阪東妻三郎主演「血闘高田の馬場」
〈15〉一九五二年三月二一日公開、片岡千恵藏主演「彌次㐂夛道中記」
〈16〉一九五二年七月三一日公開、片岡千恵藏主演「宮本武藏一乗寺決闘」
〈17〉一九五二年一〇月二三日公開、嵐寛壽郎主演「鞍馬天狗江戸日記」
〈18〉一九五二年一二月一一日公開、阪東妻三郎主演「總輯版風雲將棋谷」
〈19〉一九五三年二月一九日公開、片岡千恵藏主演「清水港代參夢道中」
〈20〉一九五三年四月一日公開、山本嘉一主演「水戸黄門廻國記」
〈21〉一九五三年七月一日公開、嵐寛壽郎主演「荒獅子」
〈22〉一九五三年八月一九日公開、片岡千恵藏主演「宮本武藏」総集篇
〈23〉一九五三年九月一日公開、阪東妻三郎主演「江戸最後の日」

ここで新東宝はハタと気が付く。なにも日活の映画を再上映しなくとも自社の旧作を改題して公開すればいいのだ。と最初に取り掛かった映画は、一九四七年九月一六日公開、齋藤寅次郎監督「浮世も天國」を「女房なんかは怖くない」（女房なんか怖くない、と「は」抜けの資料が多い）と改題をして一九五三年二月一二日公開している。

さらに気が付いたのは「毆られた石松」の改題版「仁俠三人男」を、「任俠三人男」と誤表記しているものがかなりある。

一九五三年七月一日公開「白鳥の騎士」は以前にも書いた記憶があるが、原作は北村壽夫のＮＨＫラジオ連続放

送劇「新諸國物語」の第一作である。驚いたことに公開日の前日にNHK地上波テレビで放映されたという記憶がある。記憶に間違いなければ画像の題名は「新諸國物語白鳥の騎士」である。一九六〇年一一月一九日に改題縮尺版で「白鳥の騎士仮面の勇者」となったのでサブの「新諸國物語」は落ちてしまったのか。

「新遊侠傳」の後篇は「遊侠往來《やくざおうらい》」のサブタイトルがあり、画像では前篇にも「裏ドロンゲームの巻」がある。

ここでもキネ旬の誤記が永く続いているが「若様侍捕物帖」の漢字題名は誤りで改題版は「若さま侍捕物帖恐怖の仮面」と「若さま侍捕物帖まぼろしの恐怖」である。

一九五二年七月一〇日公開「續チャッカリ夫人とウッカリ夫人底抜けアベック三段とび」は、ポスターに「三段飛び」とありまた別の紙資料では「三段跳び」もあるが、「三段とび」とひらがなのものが正しい。

これまでのように観客を騙して題名を変えて新作のようにすることは止めて心を入れ替え新たな出発と、「青ヶ島の子供たち女教師の記録」の改題「絶海のSOS」の一九六〇年一二年三日公開を最後に、一二月一〇日「すっ飛び千両旅」とフルモノの再映をやめ、新年一九六一年からはすべては新作でスタートする時、ああ突然「寝耳にみみず？」の侵入で驚きの倒産、である。

三本立てのポスター「怪談本所七不思議」「怪談呪いの青蛇」「艶説四谷怪談」は、書かれてある三隅研次監督からこれは大映「執念の蛇」の可能性が大きいと思われるが、「艶説四谷怪談」の方は成人映画らしく判明していない。

さらに二葉百合子天津羽衣日本中を涙でぬらす…の惹句のある「白馬の麗人嵐を呼ぶ紫の女」は「戦雲アジアの女王」の改題版のようだが併映「千鳥の啼く夜」が判らなかった。そこで調べてみると伊賀山正徳監督、月丘千秋、松島トモ子出演のヒントから、これは一九五四年六月二二日公開の東映映画「母恋人形」らしい。これら題名が不明のポスターは恐らく地方公開版の映画であろう。高槻真樹氏の労作「活動弁士の映画史」（二〇一九年・アルタープレス合同会社）には地方版の新聞広告における改題版が満載だが、一地方の興行会社が配給製作会社に断りもなく新たな題名に差し替えてタイトルを新しい題名へ変更するのは不可能であろう。せいぜい可能なのは新聞広告とポスターの題名を新作と思わせるように変更し、本編は題名そのままか、先頭の題名部分を故意にばっさりとカットして上映するくらいの筈である。

一九五八年一月七日公開、「裸女の曲線」という短篇映画があるが、新聞広告に「裸女の曲線美」というのもありどちらが正しい題名か映倫リストを調べると中短篇の部二〇二〇三「裸女の曲線」があった。新聞広告にも多くはないが誤記はあるようだ。

戦前のヒット映画にも前篇後篇が公開された後に二本立て「大会」や纏められて「編輯版・總輯篇」になる例がある。一九四七年八月一二日公開の

「誰か夢なき前篇」は八月一九日に「誰か夢なき後篇」が翌年一九四八年八月二四日に、二本立て大会として再映されている。しかし本当に、二本立てで公開されているのか、未だに疑問が残る。興行面から見ると、観客の回転数、つまり一本観終わり二本目も観ることになると観客の多くは帰らずに居続ける。つまり回転数が悪く売上が上がらないのだ。そこで考えられたのが総集篇、なのではないのか。多くの総集篇は、編集作業だけで最初のクレジットタイトルも前篇の部分を転用して新規に作成することは少ない。他社の例だが一九五九年一二月一五日公開の東映大川橋蔵主演「新吾十番勝負第一部第二部総集版」は、第一部を松田定次が監督し第二部は小沢茂弘が監督しているものを合わせて編集し、タイトルクレジットも新規で併記されたものを使用している。さらにこの総集版は、完成後オリジナルの原版を廃棄するのが通例である。しかし特例もあり、東宝「總篇佐々木小次郎」や東映「源義経総集篇」などは、興行用に費用をかけて完成した総集篇が公開する機会を失い倉庫に眠ったまま未公開になることもあるようだ。

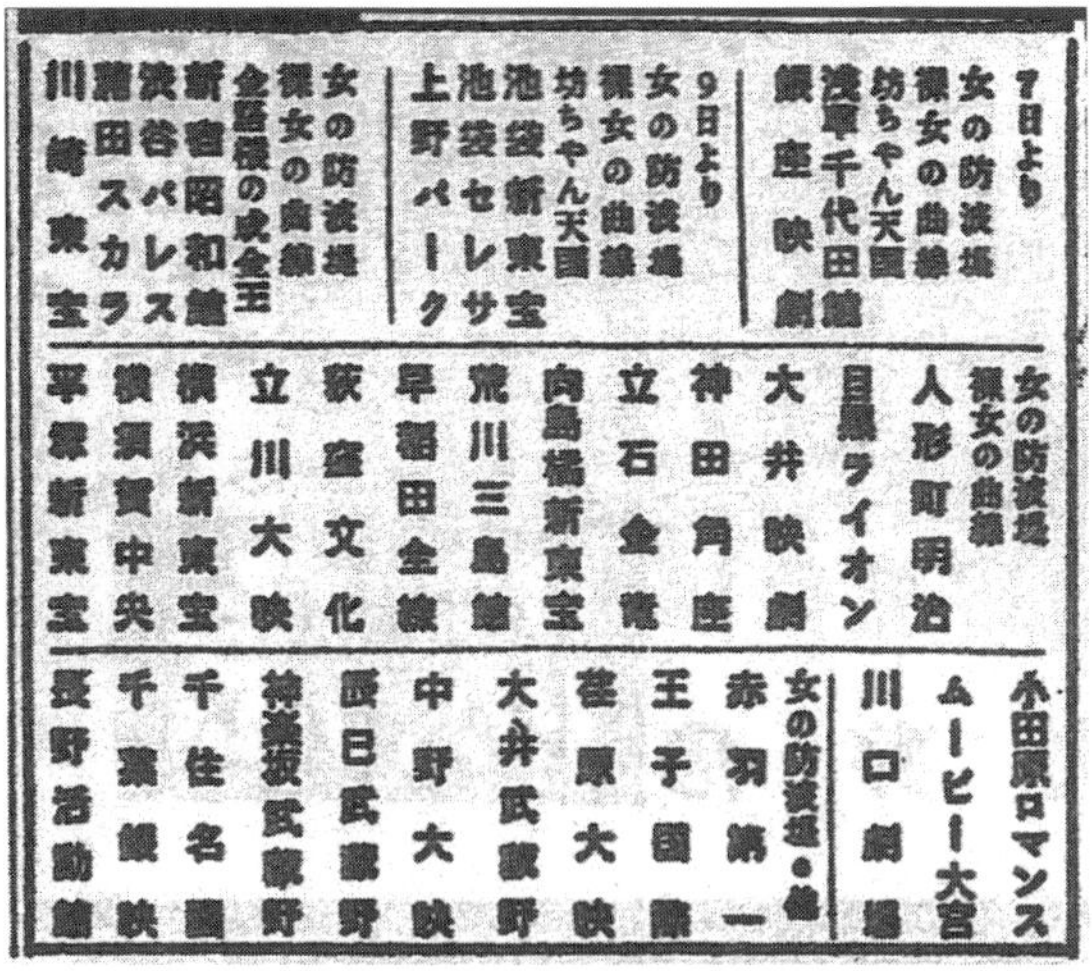
7日より
女の防波堤
裸女の曲線
坊ちゃん天国
浅草千代田館
銀座映劇
9日より
女の防波堤
裸女の曲線
坊ちゃん天国
池袋新東宝
池袋セレサ
上野パーク
女の防波堤
裸女の曲線
金語楼の成金王
新宿昭和館
渋谷パレス
蒲田スカラ
川崎東宝
女の防波堤
裸女の曲線
人形町明治
目黒ライオン
大井映劇
神田角座
立石金竜
向島橋新東宝
荒川三島館
早稲田全線
家庭文化
立川大映
横浜新東宝
横須賀中央
平塚新東宝
小田原ロマンス
ムービー大宮
川口劇場
女の防波堤・他
赤羽第一
王子国際
笹原大映
大井武蔵野
中野大映
神楽坂武蔵野
千住名画
千葉銀映
長野活動館

『裸女の曲線』新聞広告（朝日新聞　1958年1月7日）。地域により番組構成が違う

　いつまでもあると思うよな、親と金とインターネットデータだが「新東宝データベース1947〜1962」は、タイトルクレジットの抜き焼きと集めたポスターの多さは驚愕である。映画製作会社は、題名を告知するためのポスター一種類を作成するのが通例だが、AポスターからB・C・D・Eと「皇室と戦争とわが民族」では五種類の違うヴァージョンのポスターがあった。題名は映像のタイトルクレジットを指すものでそれを観ることができない場合にポスターなどの宣材に頼ることになるが新東宝映画のポスター宣材は映像と一致しているものが少な過ぎる。常にポスター作成が優先され映像完成後の確認を責任ある監督は怠ったようだ。公開順に題名を追う。「　」内がタイトルクレジットで〈　〉がポスター表記である。

●「今日は踊って」〈サブタイトルにさくら音頭が付いている〉●「誰がた

めに金はある」〈誰がために金はある？と？マークがある〉●「それはある夜の事だった」〈或る夜と漢字表記〉●「虹を抱く處女」〈処女と新漢字〉●「嫁入聟取花合戦」〈こちらは旧漢字で合戰〉●「女醫の診察室」〈女医と新漢字〉●「戦後派親爺」〈戰后派親爺〉●「群盗南蠻船ぎやまんの宿」〈新字で南蛮船〉●「雪夫人絵図」〈繪圖と旧漢字〉●「鬼姫しぐれ」〈サブタイトルは又四郎行状記鬼姫しぐれ〉●「その後の蜂の巣の子供たち」〈子供達と漢字〉●「剣難女難第一部女心流転の巻」〈劍難女難第一部女心流轉の巻〉●「親馬鹿花合戦」〈サブタイトル金語楼100本記念映画〉●「アチャコ青春手帖第三話まごころ先生の巻」〈第3話〉●「第四話」〈第4話〉●「弥次喜多金毘羅道中」〈弥次㐂夛金比羅道中〉●「大岡政談妖棋傳白蝋の假面」〈妖棋伝白蝋の仮面〉●「悪魔の囁き」〈惡魔〉●「青ヶ島の子供たち女教師の記録」〈青ガ島〉●「唄祭り江戸ッ子金さん捕物帳」〈唄祭り江戸っ子金さん捕物帖〉●「軍神山本元帥と連合艦隊」〈軍神〉●「妖雲里見快擧傳」〈快挙伝〉●「現金と美女と三悪人」〈現ナマとカタカナ〉●「復讐秘文字峠後篇」〈続復讐秘文字峠〉●「大天狗出現」〈嵐寛寿郎の大天狗出現〉●「かあちゃん」〈「粘土のお面」よりかあちゃん〉●「おじさんありがとう」〈小父さんありがとう〉●「海よおいらの歌に泣け」〈海よ俺らの歌に泣け〉

字数の都合で多くを除外したがポスターとの差は新と旧の漢字の違いが多い。あらゆる文字資料にもいえることだが読者への便宜をはかり読み易くすると云う名目で、安易に新漢字へ改めることは反対だ。♪ありのままに～原文を残すことが残された者の使命でもある。

最後に問題がある題名が一九六一年三月一日公開とされた短篇記録映画「森繁の欧州漫遊記」。多くの文献資料を調べたが、どの資料も存在の確認ができない。唯一発見できたのは雑誌キネマ旬報の中にある「興行街」だけである。ならば同時上映が、「地平線がぎらぎらっ」と「太陽を射るもの」の豪華三本立てとなる。三ヶ月後に倒産する新東宝にこんな製作能力が残っている？　第一当時森繁久彌は東宝専属であり、一九六一年一月「縞の背広の親分衆」二月「河内風土記おいろけ説法」「続サラリーマン忠臣蔵」四月「社長道中記」と東宝喜劇映画のトップスターに他社出演はできない筈。彼の新東宝出演作は二四本だが欧州のシーンはなく編集版はありえない。キネ旬担当から「空欄未定」では困ると新東宝側が咄嗟に考えたウソの題名が真相？だと思う。

調べれば調べる程に疑問が現れる我が愛する新東宝映画は、書籍では、ダーティ工藤氏の労作「新東宝1947～1961創造と冒険の15年間」（二〇一九年・ワイズ出版）で完成。先のデータ「新東宝データベース1947―1962」と合わせれば新東宝作品七百数十本のすべてが判る。

（もがみ・としのぶ）

ジミー・ウォング罷り通る
——鉄拳と剣戟にかけた天皇巨星

二階堂卓也

一九七三年暮れに封切られた『燃えよドラゴン』(73)の大ヒットにより、翌年、我が国の映画マーケットに香港の功夫片(いわゆるカンフー映画)があふれたことがある。その数、何と27本。これは邦人系配給会社の新しい鉱脈になり、ロマンポルノに移行していた日活まで買い付けに走ったほどだ。もっとも、以後は尻すぼみになって、ブームの儚《はかな》さを証明したわけだが、香港映画自体はジャッキー・チェン人気や少林寺もの、香港ノワールと呼ばれた一連の英雄片のヒットなどがあって、欧米の諸作とは一味違う娯楽映画として定着した。

俳優の知名度は世代により違いはあろうが、一般的にはトップがブルース・リー、次位がジャッキー・チェンと思われるが、どっこい、その間に存在したジミー・ウォング(王羽)を忘れてはならない。単純明快に正邪の対比を据えて、拳と拳の応酬に加え、破天荒なアイディアと見せ場の数々で、カンフー映画の何たるかを私に教えてくれたのはブルース・リーでもジャッキー・チェンでもない、まぎれもなく、この俳優だった。

『燃えよドラゴン』がアメリカとの合作だったこと、また、一九六八年にローカルでスプラッシュ公開された『血斗竜門の宿』(67)が台湾製だったことを考えると(前サブ「残酷ドラゴン」を冠して一九七四年再映)、一九七四年二月に封切られた主演作『片腕ドラゴン』こそが、記念すべき香港功夫片の日本上陸第一号になる。

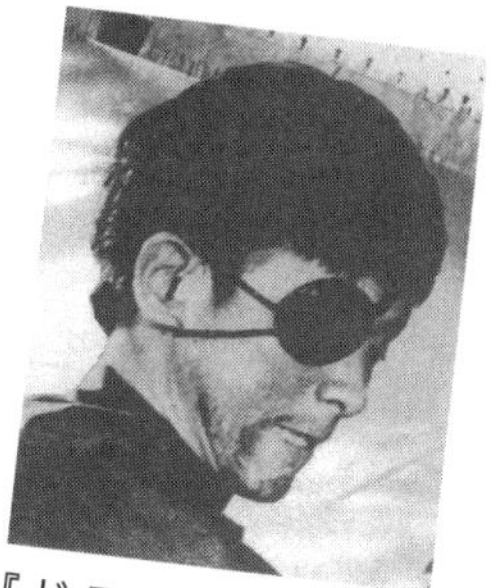

『ドラゴン武芸帳』のジミー・ウォング

ジミー・ウォングには『スカイ・ハイ』(75)など、動作片(現代活劇)も少なからずあるけれど、本稿では、その本領を遺憾なく発揮した功夫片と剣と剣の鍔迫り合いもかまびすしかった武侠片(時代劇)を中心に、「ジミー・ウォング大全集」など出版されなかったスターの阿修羅の如き奮戦を書き留めおく。

なお、ここでいう香港映画とは台湾製も含めての総称だが、適宜区別はしておく。タイトル下の数字はDB「香港影庫」に準拠した当地での封切り年度。監督は省略した場合がある。

1

『片腕ドラゴン』(72)は非道な道場主チャオのため、師匠ハンを初め兄弟子や弟子の大半を殺された若者ティエン・ロン(王羽)の復讐劇。かねてから、ハンが武術指導の傍ら経営していた煉瓦工場と染物工場乗っ取りを企んでいたチャオは、武術では敵わぬと用心棒を雇う。それが一人二人ではなく、沖縄空手の遣い手、日本の柔道家、韓国テコンドーの達人、タイのムエタイ戦士、インドのヨガ拳法家など、国際色豊かなプロたちがズラリ並んでいる設定が楽しい。

乱闘中に右腕を肩から切断されたティエン・ロンは(腕が転がるショットがある)、助けてくれた医者の助言で、左腕を炭火で焼いて鋼鉄のごとく鍛え上げる。この特訓と山中での〝異種格闘技戦〟が見もので、左腕一本で渡り合うジミー・ウォング、孤軍奮闘の大熱演。原題「獨臂拳王」の「獨臂《どっぴ》」とは片腕の意味。本作は現代が背景だった『燃えよドラゴン』とは明らかに異質な時代をバックに、それまで未知だった活劇世界に我々をこれでもかと展開し、中国古来のカンフー技の数々と闘いをこれでもかと展開してくれたのである。ジミー・ウォングは脚本と監督も受け持ち、一人三役の才人ぶりを発揮している。

当時は勝新太郎と共演した『新座頭市・破れ唐人剣』(71・大映)を見逃していたので、これがジミー・ウォングに接した初めての作品になる。私がこの俳優に魅せられた最大の要因は「顔」だ。優男のような外見とは裏腹に、拳を振るい、肉体を躍動させる意外性が魅力だったのだが、反面、「目」が怖い。

細く、切れ長のそれは凶悪さを秘めているようにも映じ、薄い唇には酷薄さすら漂っている。見ようによっては悪の顔である。現代劇なら非情な殺し屋役など、ピタリとハマるだろう。ふと、日活の『紅の拳銃』（61）で香港の殺し屋、陳大隆を演じた草薙幸二郎を想起した。略歴は知られているから、ここでは香港最大の映画会社だったショウ・ブラザース（SB）の俳優公募に合格し、武侠片『虎侠殲仇』（66＝製作64年）でデビュー後、キャリアを積んでいたくらいで十分だろう。日活が香港や澳門にロケした二谷英明主演の『アジア秘密警察』（66）には刑事役で出たという。『片腕ドラゴン』の沖縄の空手家が二谷だったのは偶然か。

『片腕ドラゴン』チラシ

　出世作となったのは武侠片［獨臂刀］（67『片腕必殺剣』DVD）。幼い頃に父を亡くしたファン・カン（王羽）は育ての親の武術道場の師匠に恩義を感じながら道場を去る決意をした夜、師匠の驕慢な娘に右腕をバッサリ斬り落とされてしまう。不具者となった身にカンは絶望するも、介抱してくれた娘シャオマンの父が遺した武術指導書を読み、左腕のみによる獨臂刀法を会得、師匠を狙う神魔大俠一味と対決するまで。

このジャンル特有の、刃が厚手の刀剣が噛み合う際に響く金属音が耳に心地よい。多くが背中に背負っているのは重いからだ。刀身が半分折れたカンの刀は父の形見という設定もいい。女優二人との絡みは感傷的に過ぎるが、観客にはそこがよかったのだろう。我が国には丹下左膳という隻腕隻眼の時代劇ヒーローがいたが、このハンデ持ちの剣客は評判になり、作品も香港映画開闢以来、初の百万香港ドルを記録した（興収1位。香港地区＝以下同）。祭りのシーンはエキストラ大動員。『片腕ドラゴン』の魁となった一編だ。

2

続編［獨臂刀王］（69『続・片腕必殺剣』DVD）は、覇王城に大勢の手下を従えている八大刀王（八人の武術家）との大血戦。諸国の武術家たちは彼らに対抗しようと団結し、シャオマンを妻に農夫となっていたカンに応援を依頼。カンは最初は断るものの、続出する犠牲者に封印していた愛刀を抜く。毒龍王、千手王らが得意技を披露するのに、領袖の無相王のそれはしばらく謎のままなのがミソ。以下、集団と集団の趣向豊かな戦いが繰り広げられる。敵兵が雲霞のごとく湧いてくる覇王城での攻防戦がクライマックスと見えて、宿屋での乱戦、無相王との決闘が続き、息もつかせない。サービス過剰とも思われる大剣戟大会だった。この2本を放った張徹《チャンツェー》は中華圏の一流監督として知られる。

この間にあった『大刺客』（67・DVD）で演じた聶政《じょうせい》は、中国の歴史書「史記」中の「刺客列伝」に出てくる人物がモデル。テーマは秦の脅威に懐柔策を取る韓の宰相暗殺なのだが、中盤までは国の将来を憂う大臣・厳仲子の心情、剣の達人ながら生活のため（母と姉がいる）肉屋を営む聶政の苦労、彼を思う恋人の嘆きといった描写が続く。暗殺行に出てからも恋人との再会あり、厳仲子との別れの宴では哀愁漂う「壮士ひとたび去りてまた帰らず」の歌唱が流れたりと、これも担当した張徹の演出は悠揚迫らざるものがあり、本作を単なる武俠片にする気はハナからなかったようだ。

修羅場の剣戟シーンで、亡き師から授かった名刀、属鏤剣《しょくるけん》で奮戦する主人公の凄絶な――深手を負って自ら両

『怒れるドラゴン　不死身の四天王』ポスター。左からチェン・シン、ウォング、カム・カン、チャン・ユー

眼搔っ斬り、腹搔っ捌いて腸を掴み出す最後は後味がよくない。つまり、これは聶政という刺客の非業の一代記で、そのため、娯楽性が薄くなっていることは否めない。

とまれ、一連の武侠ものの人気と集客力から、ジミー・ウォングには中国語圏で謂うところの〝天皇巨星《ビッグ・スター》〟の異名がつくようになるが、SBの待遇（ギャラ面）に不満だったらしく、契約解除。一九七一年から台湾を本拠地にし、香港ではゴールデン・ハーベスト（GH）など各社で主役を張った。とりわけ、「獨臂刀王」は王羽の代名詞ともなり、武侠片の新聞広告や予告編に冠として使用されるようになる。

先の『破れ唐人剣』で演じた隻腕の剣客・王剛はファン・カンのキャラクターを踏襲しているが、座頭市との対決は双方の誤解が解けないまま行われるのが疑問だった。言葉が通じないとはいえ、モヤモヤした気分のまま見終わった覚えがある。

香港ではGHが［獨臂刀大戰盲俠］として公開。これに対抗して（？）元祖はこっちだといわんばかりにSBが姜大衛《デヴィッド・チャン》主演で製作したのが［新獨臂刀］（71）——『新・片腕必殺剣』（DVD*）だ。どちらも一五〇万香港ドル台のヒットになった（興収は順に3位、4位）。

折しも、アメリカにいたB・リーが帰国。羅維《ロー・ウェイ》監督のGH作品『ドラゴン危機一発』（71）『ドラゴン怒りの鉄拳』（72）や、自ら監督した『（最後のブルース・リー）ドラゴンへの道』（同）が立て続けにヒットするも、『燃えよドラゴン』撮了後、『死亡遊戯』準備中の一九七三年七月に不帰の客となったのは周知のこと。

〝世紀の闘神〟の死に、その胸中は知る由もないが、結果としてジミー・ウォングは失いつつあった人気と天皇巨星の名を取り戻したことになる。SB退社後の3年間の出演本数29本は堂々たる数字だ。

＊悪党どもを影で操る三節棍の達人に敗北した二刀流の遣い手が自ら右腕を切断して復讐するまで。橋の上での〝百人斬り〟は見応え十分も、獨臂刀法を身につけるまでのプロセスが弱い。シリーズ生みの親、張徹監督。

3

一九七四年には『片腕ドラゴン』のあと、主演作4本が一挙公開された。まず、『吼えろ!ドラゴン! 起

『ドラゴン武芸帳』ポスター

て！ジャガー』（70）。道場破りに現れた無頼の武術家タオは館長のリーに敗退した恨みを果たすため、日本の空手家キタジマを用心棒に殴り込む。レイ・ミン（王羽）は傷を負うも辛くも逃れるが、館長は死に、門弟たちも壊滅。娯楽映画の悪玉は冷酷強欲であればあるほど面白いのだが、タオは道場を賭博場に改装、町民たちから金を巻き上げ、法外な利子で金貸しまで始め、若い人妻を凌辱し、情欲まで満たすのだから及第点（功夫片には珍しいセックス・シーンがある）。

傷癒えたレイ・ミンは空手に対抗するには鉄沙掌と軽法を併用せよとの師匠の言葉を思い出し、大釜で熱した砂鉄に拳を突っ込んで鍛え、鉛板を仕込んだ脚絆を着用し、驚異的な跳躍力を会得する。マスクで顔を隠して子分たちを叩きのめし、賭博場に放火して報復するのが小気味よい。業を煮やしたタオが新たに日本からサムライ（剣術家）を招聘するのは取ってつけたようでいただけないが、活劇場面を豊富にするための方策だろう。

闘技シーンは素早いカット割りで飽きさせない。流血甚だしく、切断された首が吹っ飛んだりする。決戦の場には雪が舞っている。ジミー・ウォング初の一人三役作品で、興収1位にランクされた。師匠の死↓道場閉鎖↓主人公の負傷↓特訓↓逆襲という図式は後年の『片腕ドラゴン』と同じである。

功夫片に日本人が悪役になっている場合が少なくないのは、日中戦争で日本が中国に侵略を開始し、植民地的な支配をしていた背景があるという。主人公が日本人武道家に鉄槌を下す『ドラゴン怒りの鉄拳』がヒットしたのも（興収2位）、そうした過去が直接的なり間接的に（教育、知識などで）頭にある観客が留飲を下げたからともいわれている。日本人は格好の悪役だったのだ。

THE BRAVE AND THE EVIL
芸帳
TOWA
フィルム製作
★全編を圧する7大秘剣術の激突！その偉力！
①ベルトのように腰に巻きつく柔硬自在、驚異のハガネ剣！
②鋼鉄の棒に隠された恐怖の十手。どんな刀もおさえつけ離さない鉄杖剣！
③短剣二刀流を受けとめる鉄製ソロバン…珠が飛び散り、人体にくい込む！
④両手を円月に振り、相手の懐をえぐる必殺の双手三ヶ月剣！
⑤油を仕込んだ縄に火をつけ、八方から火あぶりに…恐怖の八方火縄術！
⑥相手に巻きついたら絶対離れぬ手縄。締めあげて絶命させる！
⑦刃先で刀を受けとめ、振りはらいざまに相手を突きさす三頭長剣。
Produced by ……… Sha Yung-fong
Screenplay / Directed by ……… Jimmy Wang
Photography by ……… Chiu Yao-hu
Music by ……… Chou Hu
Chinse Boxing Instructor ……… Liu Tien-lung
▶CAST◀
Pai Syu-feng ……… Jimmy Wang
Hung Tien-chiao ……… Ling-feng
Chao I-fu ……… Chang Chung
Hung Ta-wei ……… Mah Yi
①帯 剣
②鉄 杖 剣
③短剣二刀流とソロバン剣
④双手三ヶ月剣
⑤八方火縄術
⑥手 縄 術
⑦三頭長刀剣

『ドラゴン武芸帳』ポスター裏面（一部）。多彩な武器の面白さを解説

しかし、これらの作品を（他にも数編あるが）〝反日〟功夫映

画とする論には首をひねらざるを得ない。大体、ジミー・ウォングにもB・リーにも、そんな気は毛頭なく、あったとしても、そのほうが観客が喜ぶという商売っ気だけと思う。私などはその昔、外人レスラーを伝家の宝刀、空手チョップ（古いなあ）でマットに這わせて、ヤンヤの喝采を浴びた力道山みたいなものだと割り切っていた。

マカロニ・ウェスタンにメキシコ人を主役にした例があるのは、アメリカ嫌いが多い中南米へのセールスのためもあった。貧困育ちの主人公が搾取する白人——すなわち、アメリカ人の大土地所有者に怒りの鉄拳ならぬ銃弾を何発もブチ込むのがウケたのだ。ドイツ兵を殺しまくるハリウッドの戦争映画も同じ。みんな、ちゃんと考えているのである。

勧善懲悪の娯楽映画は素直に楽しめばいい。『南京1937』（95）における日本兵の描き方は不愉快極まりなかったが、元々エンターテインメントを標榜した映画ではないからと思い直した。功夫片はいずれも虚構だし、日本人はカリカチュアライズされたベタな悪役ばかりだから、当然ながら主人公を応援（？）した。昔なら〝国賊〟として監獄送りか。

4

『戦国水滸伝・嵐を呼ぶ必殺剣』（71・台湾）は槍の達人、ロン・タイに扮した武侠もの。珍しく口髭を生やしての登場だ。原題［追命槍］は必殺の槍の意味だから、邦題は真っ赤な嘘になるが、それはともあれ、全編これアクションの連続。クライマックスでは五、六十人を向こうに回して大殺陣がエンエンと繰り広げられるのには驚いた。三人を文字通り串刺しにする場面もある。この間、彼に父を殺されたと誤解していた息子の奮戦も挿入されるダブル趣向だ。

もっとも、謀反人たちの名が記された密書の扱いがぞんざいで、料理屋の娘や乞食少年も主人公の周りをウロウロしているだけだから、ドラマは浅薄。最後は敵を皆殺しにしての仁王立ち。ヒーローが死ぬ娯楽映画は洋の東西を問わず、スカッとしない。

銭荘（銀行）の金や宝石箱を強奪した一味を四人の男——流れ者（王羽）、狩猟家（猟銃を使うのが珍しい）、アル中の元武術師範、銭荘の警備隊長——が壊滅させる『怒れるドラゴン・不死身の四天王』（74・台湾）も自ら監督したが、このジャンルでは有名らしい共演者三人の顔を立てたか、各々均等に見せ場を用意したため、却って焦点がボヤけてしまった。

かつて、東映では時代劇で片岡千恵蔵と市川右太衛門、任俠映画で鶴田浩二と高倉健の共演となると、脇に回ったほうに印象的な出番を用意して、何とか均衡を保つ配慮をしていたものだが、これは二人だから可能だったので、四人では多過ぎる。それゆえ、終盤の大乱戦は収拾がつかないほどになっていた。主役は一人でよござんす。ただ、台湾ではヒットしたそうである。

ボスの用心棒ルー（鹿村泰祥）の配下四人は虚無僧もどきに天蓋で顔を覆っている。それが飛ぶと黒覆面という二段構えだ。この面々はポスターにも使用されており、あれに興味をそそられ、映画館に足を運んだ人もいたのではないか。功夫片が面白いのは悪役たちの異様な扮装にもある。ルーがサムライの血を引いている設定も反日志向（?）。

武術家（王羽）がバンコックの田舎の村にはびこる悪党どもを一掃する『いれずみドラゴン・嵐の血斗』（73）。一味は博奕場を開いて村人から家や土地の権利書を奪う。主人公は恩ある男の危難に怒りを爆発させて——という、配給会社（東映）の任俠映画みたいな物語は杜撰散漫。ジミー・ウォングの演技にも、B・リーの2本で我が国にも知られた羅維の演出にもさっぱり熱が入っていない。

未公開とするDBがあるのは、ローカルの下番線で上映されたためで、私は翌年の夏に野方西武座でキャッチした。同じ監督の恐怖片『悪魔の生首』（74）と、東映ポルノ『夜ひらく淫ら花』（75）の豪華（?）3本立てだった。こんな映画館も消えて久しい。

私が不思議に思うのは数ある邦人系配給会社がどうしてそれまで香港の功夫片に触手を動かさなかったのかということだ。輸入業者やエージェントから話があっても、知らない俳優ばかりだし、作品の内容からも商売にならないと判断したのだろうか。『血斗竜門の宿』のような例もあるが、『ドラゴン危機一発』などを配給した東和は最初、GHが売り込んできた時、一旦断わっている。

主演者が生前、東南アジア圏まで含めて知らない人はいないスターだったと判明したのは、ワーナーに『燃えよドラゴン』が入荷した頃と記憶しているから、まだ未知の領域だったのだろう。『東京＝ソウル＝バンコック・実録麻薬地帯』（73・東映）の海外ロケに帯同した宣伝マンが帰途香港に立ち寄った際、「大変な人気俳優がいると聞きましたが、今思えばそれが…」――残念ながら、ジミー・ウォングではなかった。

5

一九七五年からの5年間における功夫及び武俠片の公開本数はピーク時の半分以下。同時期、地元で21本が記録されているジミー・ウォングの映画が入荷したのは、一九七一年製作の古物を含めてたった2本。これでは「ジミー・ウォング大全集」など出るわけないが、作品は強烈な印象を残した。

〝天下の人気をブルース・リーと二分するジミー・ウォング待望の最新作！〟と謳われた脚本・監督作品『ドラゴン武芸帳』（71・台湾）は、当時のノートに「鉄杖剣、双手三日月剣、帯剣などの武器の面白さ」「空中を飛び回る奔放自在のアクション、集団対集団の大チャンバラは迫力満点」「巻中に幽霊が出るという荒れ寺を用意したり、観客の興味を引く配慮も忘れない」「凡作が多い香港映画にあって、これは抜群の娯楽性を持っている」などとある。大絶賛ではないか。

その感激をもう一度と、ＤＶＤを探したが見つからない。江戸木純氏に尋ねたら、版権者が曖昧模糊としているので、アブなくて業者も手が出せないからではないかという。英題で検索したらYouTubeにぶち当たり、やれ嬉しやと再見したら、前半はともかく、悪党の要塞に乗り込んでからの激闘また激闘にはウンザリした。

特に、深夜から夜明けまで（！）続くボスとの剣戟はいくら何でも長過ぎる。『嵐を呼ぶ必殺剣』は敵が入れ替り立ち替りして目先が変わったからまだいいけれど、これは一対一だから、いいかげんにしろと怒鳴りたくなった。本誌で（前回）書いた『野郎！拳銃で来い』ではないけれど、前車の轍をまた踏んだことになる（現地では興収7位）。

そもそも私が香港映画に注目したのは、ジミー・ウォングの存在以外にアイディアの面白さ、新奇さからだ。振り返ってみれば、『超立体映画・空飛ぶ十字剣』（77・台湾）の巨大な武器には驚いたし、『少林寺木人拳』（77）の木人（ウッドマン）の姿形と動きは不気味にしてユーモラスでもあった。『少林寺への道』（81）の十八銅人（ブロンズマン）の異様さはどうだ。刀剣、槍、棍、錫杖に種々の仕掛けがなされている例は枚挙にいとまがない。

異ジャンルになるが、蛇がウジャウジャいる巨大な甕《かめ》から老人が姿を現す『人蛇大戦・蛇』（82・台湾）には仰天した。あれは絶対特撮ではない。およそ日本人には考えられない発想だ。コメディ・スタイルではあったが、殭屍《キョンシー》もその部類に入る。そうした奇抜な趣向の最たるものが空中から飛来するギロチンである。

9本目の監督作品――獨臂拳王再び登場の『片腕カンフー対空とぶギロチン』（76）に出てくる武器は、ただの筒に見えながら、いかなる仕掛けか、内部に刃が輪状に装填されている鎌になる。鎖に繋いだまま敵に投げると頭にスッポリかぶさり、恐るべし、首ごと切断してしまうのだ。これを「血滴子《けってきし》」と称し、英題中にある"flying guillotine"とは蓋し言い得て妙ではないか。

銅鈸（西洋ではシンバル）を投げて首をスパリと切り落とす山田風太郎の忍法「銅拍子《どびょうし》」はスマートだが（『忍者月影抄』）、こちらは無理矢理捩じ切る荒技だから戦慄せざるを得ない。で、この怪ギロチンを自在に操る盲目の怪老師、弟子が二人も獨臂拳王に返り討ちにされたと知るや、復讐に燃えて山から下りてくる。

町の広場で開かれる武術トーナメント大会がまた楽しく、日本のサムライ、モンゴルの怪力男、鷹爪拳や三節棍の名手などが続々登場。ヨガ拳法家の両腕が闘技中にスルスルッと3メートルぐらいに伸びるのは極めつけ。漫画家にもこんな発想は出てこまい。

葬儀屋で展開する二人の死闘がまた凄い。主人公の留めの一撃を食らった怪老師がそのまま棺桶入りするのはマカロニ・ウェスタン『南から来た用心棒』（66）からか（香港公開は一九六七年）。

「血滴子」は清の時代にあった反逆者（歴史では清＝満州族に滅ぼされた明＝漢民族グループ）を始末する暗殺組織の名称とも、そのメンバーが使った武器名ともされる。本作前後には［盲俠・血滴子］（72）*［血滴子］（75）［清宮大刺殺］（78）などがある――といったことを私が知るのは後年のことだから、試写で初めて見た時は、これぞ、奇想天外、荒唐無稽の極みと唸ったものだ。今では作品自体を香港の功夫・武俠片史に、いや、世界の活劇史上に永遠に名を残す大快作とすら思っている。のみならず、我々は新世紀になって「獨臂」と「血滴子」が王羽の象徴として甦ることを確認するのである。

ジミー・ウォングが我が国のスクリーンで魅力を発散させていたのは、しかし、ここまでだ。私はどういうものか（多分ヘソ曲がりなのだ）、どんな分野であれ、いわゆる一流より二流、A級よりB級とランクされる人物が好きだ。映画人にしぼれば、監督なら黒澤明より小沢茂弘、男優なら〝世界のミフネ〟より日活の小林旭、女優なら同じ志麻でも岩下志麻なんかより志麻いづみ。

二流とかB級という形容が失礼なら、二番手――自分より秀でた人間が上にいて、どうしてもそれを抜けないままだった人たちで、その伝でいうなら、B・リーとJ・チェンに挟まれたような形で日本に紹介されたジミー・ウォングもそれに相当しよう。B・リーの主演作が2本だった一九七二年にはそれが14本もあったのだから、B級の概念の一つ、「質より量」にもしっかり該当する。

集客力がなかったのは事実だが――『嵐の血斗』の扱いは述べた通りで、『ドラゴン武芸帳』はイタリア映画『続シンジケート』（73）との、『片腕カンフー対空とぶギロチン』は松竹系で『少林寺拳法・ムサシ香港に現わる』との2本立て公開――私は『酔拳・ドランクモンキー』（78）などで、なお、さ迷っていたB・リーの亡霊を追い払ったJ・チェンに注目しながらも、この俳優を忘れることはなかった。
＊武術家の一人の得意技として披露された。形状は違う。首を刈り取るワン・シーンあるのみで、セールス・ポイントにはしていない。勝新太郎のソックリさんとしてピンク映画『好色坊主・四十八手斬り』（69）に主演した酒巻輝男が座頭市に扮した。主人公が二人いるような構成が祟った台湾製粗悪片（DVD『盲坊主対空飛ぶギロチン』）。

6

ここ数年、劇場未公開だった一九七〇年代半ばの主演作を何本か見ると、有体にいって出来はよくない。日本で功夫片が珍しがられた時代はとうに昔のことで、新鮮さが失せていたのは当たり前としても、脚本家や監督たちの力量不足は否めない。私自身はジミー・ウォングという俳優個人に興味があるだけだからいいけれど、配給会社が二の足を踏んだのは正解だった。例えば――。

＊

隻腕ながら、今度は右腕一本のルーに扮し、家族を殺したチューに復讐する［獨臂拳王勇戦楚門九子］（76）――「片腕ドラゴン対九人のカンフー」（試訳です）。

派遣された殺し屋たちを倒していくのは型通りだが、

終盤にどんでん返しが連続。それまで声はすれども姿は見えなかったチューの正体はアッと驚く人物で、ルーは肝心の右腕を切断される。逆転の一手は伏せておくとして、一安心したところで、またもやド肝抜く敵が現れる大意外事が待っている。隠しネタが多過ぎる脚本はスマートでない。

「獨臂刀」シリーズが2本。［獨臂雙雄］（76）――「二人の獨臂刀王」は開巻ほどなくから、二人の男の右腕が次々に切断される。木像がノソノソ動き出す怪奇趣向まである。ここまでは興味津々も、主人公（王羽）同様に左腕一本の剣客（姜大衛）が絡んでくると、物語がたるんでくる。

姜大衛は王羽に代わってSBが売り出した人気俳優で（〝亜州影帝〟と呼ばれた）、これはいわば同社の新旧エースの顔合わせ（監督も共同）。そんな経緯を承知の地元の観客は、二人が酒や饅頭の飲食を競うシーンを楽しむこともできようが、そこまでの知見がない身には退屈にしか映じない。ラストに真の悪党の、これまたとんでもない正体が判明。都合四人もの隻腕男が出てくるのには半分呆れた。

［獨臂俠大戰獨臂俠］（77）は明朝再興を画策する集団と、彼らを謀叛人として壊滅せんとする清朝側の対決。裏を返せば、漢人たちの満州人への反抗である。再興グループのチー（王羽）は敵の毒鍼を左腕に受けるや、毒が全身に回らぬうちにと自ら切断。

彼に協力する武術家（劉家榮《フウカーウィン》）も隻腕なのは、少年の頃に左腕を斬られた過去があるからだ。娯楽作品とはいえ、ずいぶん酷な設定で、その回想シーンは暗示に留めているが、香港映画にはこういう人間の部位欠落に無神経なところが散見する。

『燃えよドラゴン』で最後にブルース・リーと渡り合うハンも隻腕で、新しく装填する〝鉄の爪〟は多分にメカニックな小道具だから何とも思わなかったが、生腕バッサリには生理的なおぞましさがある。

『ミラクルカンフー・阿修羅』（79）の〝二人二脚〟のコンビの描きようには、ソコまでやるかと、やるせなくなった。映画には怖いもの見たさという好奇心を惹起せしめる――ある種、見世物小屋に共通する面があるが、何も身体障害者をその対象にすることはない。

話が逸れた。チーが敵のボスを水車小屋に追い詰める死闘は迫力があったものの、登場人物過多で、いささか混乱する物語だった。

必殺技〝奪命流星〟を駆使する武術家に扮し、天魔星の異名を持つ若き大富豪と対決する『ファイナル・ドラゴン』（76・DVD）は伝記ロマンのムード濃厚な武侠片。登場人物の多彩さや、趣向を凝らした戦いの連続は水準以上の出来だった。主演作こそあれ、ヒット作がなかったJ・チェンが悪玉だったことでも記憶される。二人の役を入れ替えれば、また違った趣きになったろうけれど、それでは天皇巨星が怒るだろう。

〈ブルース・リー〉が発火点
そして第3の衝撃ブームをつくる松竹の2大本場アクションの襲来
〈地上最強のカラテン〉で迫力爆発
27〈土〉日〈大公開 松竹系
空前の面白さ・凄さ！
2大作延べ〈本物拳豪68人・新兵器40〉が轟然と激突！
相つぐ殺人新兵器
首をもぎとる恐怖の暗殺武器ギロチンが血を求めて唸る！
何が飛び出すか1分さきはわからない！
カンフー勝つかギロチン勝つか？
決斗また血斗、全篇見せ場連続
あっと驚くどんでん返し！
監督・脚本・主演／ジミー・ウォング
カム・カン他全世界一流カンフー総出演
片腕カンフー対空とぶギロチン
絶賛前売中
試写室200人を沸かした興奮をこの心理反応
本語版
竹配給
『片腕カンフー対空とぶギロチン』新聞広告

伸縮自在の槍を駆使する刺客を演じた「血連環」（77）には「血滴子」を進化させた（？）円盤状の武器がお目見えする。刃の装填具合は同じだが、上下に蓋がセットされ、竹とんぼの如く軸棒から飛び立ち、敵を襲うや、ブーメランのように手元に戻ってくる。二番煎じは免れないし、生首切断がないのも物足りないが、その製造過程は面白かった。生き残るのは主人公とヒロインのみの屍山血河のラストである。

　現代活劇『シーマン№7波止場のドラゴン』『白面虎・復讐のドラゴン』（共に73・DVD）には、この分野に不慣れな羅維の演出のせいもあってか、見るべきものがない。てっきり、お化けメイクの妖怪が出現する恐怖武俠片と思った『ドラゴンVS不死身の妖婆』（73・DVD）では、タクシー運転手（王羽）が車に何度轢かれても平気の平左の婆さん相手に四苦八苦するのに口アングリ。ちょっとしたアイディアなら香辛料のごとき味わいが出るのに、ああ繰り返されては無残な結果になるだけだ。邦題にまんまとダマされた私が悪いのだが、この俳優には畢竟、武俠片こそ似つかわしいとの意を強くするばかりだった。

7

　一九八〇年以降は出演作がめっきり減り、プロデューサー乃至プロモーターとしての役割を持つようになっていた。長いキャリアと実績から映画界に顔が利き、時に契約や興行上のトラブルを収めるフィクサーのような役割も果たしていたらしい。


　地元のポスターで〝80年代影壇巨星空前大集合〟と謳われた『上海13』（84・DVD）は、クレジットに出場序（出演順）とある通り、冒頭に金庫破りの名人役で出てくるだけ。次の出番はいつかと期待していたのだからバカである。日中戦争下における機密文書をめぐる巨星たちの闘技の連続は定番としても、これをしも連綿と続く伝統と感心すべきか、進歩のなさに舌打ちすべきか。

　この前後には、人気と実績を不動のものにしていたJ・チェンを起用した『ドラゴン特攻隊』（82）と『ファースト・ミッション』（85）を製作。前者には行方不明になった将校と軍費奪回をめざす寄せ集め兵の隊長役で出演。途中から自分も行方不明になり、しばらく出てこないが（笑）、最後に悪の本性を現してチェンとの丁々発止は久しぶりに往年の動きを見せた。

　これは新旧天皇巨星の激突であり、その座の交代を象徴していた一編と見た。悪党を平然と演じたことに違和感がない巨星も珍しいが、元々表情豊かでなし、先に悪の顔とも評した筆者の印象もあながち的外れではなかったのではないか。後者にはサモ・ハン・キンポーまで担ぎ出し、監督も任せた。

　『炎の大捜査線』（90）は製作総指揮者。右の二人にアンディ・ラウ、レオン・カーフェイを加え、当時の四大巨星を一堂に会させたのは〝顔役〟の業《わざ》か。配給元ＯＢ氏の述懐によれば、公開後に来日し、配収の取り分を受け取るや、さっさと引き揚げた由。

新宿に巣食う香港マフィアのボスを演じた『極東黒社会』（93・東映）ではふっくらした顔に、少し太ったなという印象を持った。何の変哲もない、つまらない役だ。

新世紀になってからの『フライング・ギロチン』（12）は清朝の専制政治に反旗を翻す民衆の指導者と、彼を抹殺せんとする血滴子隊を描いた歴史物語。隊員たちが使う武器はそれまでのギロチン鎌と違い、彎刀と輪状刃のセットになっている。

ジミー・ウォングはその総領役。最初、そうとわからなかったのは70歳近くなっていた顔貌の変容による。自分がトシ取っていくのは何とも思わないが、若い頃を知っている俳優の老いを見るのは悲しいことだ。ただ、目と口元にかすかながら当時の面影が残っていた。中国にも近代化の波が押し寄せ、鉄砲や大砲の導入で暗殺組織は役目を

「空飛ぶギロチン」とほぼ同じ形式の武器が登場する『空飛ぶ十字剣』

終え、総領は自ら毒杯を仰ぐ。

配給元が［血滴子］をかかる邦題にしたのは、インパクトある語彙と判断したからと想像するが、せっかくの命題は荘重ともいえる作風と、壮大でリアルな描写に徹した歴史スペクタクルと噛み合わなかったのは残念。

その老けぶりは18年ぶりの銀幕復帰だった前年の『捜査官X』(11)に見られた。公開順記載が狂ったのは［武侠］がピン呆けもいいところのタイトルに化けていたため、見逃していたからだ。冷酷な暗殺集団の坊主頭の巨魁役は、その組織から抜け出そうとする主人公（ドニー・イェン）の実の父でもある設定で、息子が父子の縁を切ろうと、自ら左腕を切断して〝獨臂〟になるのは血滴子隊の総領役と併せて偶然ではあるまい。

それは香港映画に長く貢献した老優へのスタッフの配慮とも敬意とも受け取められよう。ラストは文字通り、骨肉相食む死闘が展開する。

時代と共に映画も変容し、これら2本を往時の諸作と比較するのは控えるが、共通するのは撮影のテクノロジーに重きを置き過ぎ、このジャンル特有のマンパワーによる手造り感の稀薄性だ。いつまでもプリミティブな製作体制が続くわけがないと承知しつつ、目を瞠るヴィジュアルな特殊映像の裏で、何か肝心なことが失われている気がしてならない。

＊

DVD化されたジミー・ウォングの作品は少なくない。贔屓にしているファンはいるのである。過去にはあちらで謂う黒社会との関わり合いが取り沙汰され、醜聞も頻発した。J・チェンらに急接近したのも金目当てといわれたが、それが目的でないプロデューサーなどいるものか。映画興行は決してクリーンなビジネスではない。まして、生き馬の目を抜く香港映画界、何があってもおかしくない。それらについて回避したのは、書いたところで、どうせ孫引きになるからだ。

映画スターは元々、虚像と実像の二つの顔を持つ。我々は彼らをスクリーン上の虚像でのみ語るしかないのだ。そして、それがおそらくベストなのだと信じたい。かくて、王羽――ジミー・ウォングは香港影壇の天皇巨星の一人として永遠にその名を残すのである。

（にかいどう・たくや）

※興収ランクは「香港電影百科」（芳賀書店・一九八四年）と「香港電影満漢全席」（キネマ旬報社・一九九七年）を参照した。（著者）。

映画論叢のバックナンバー

●品切れ　1号／2号／4号／8号／11号
●在庫僅少　7号／14号／16号

【20号】原知佐子の新東宝時代／ダビング繁盛時代　河辺公一
【21号】三輪彰監督インタビュー／東宝争議と松林宗恵／極東キネマ
【22号】ボンドガール若林映子／アイドル山本豊三／T・ザイラー追悼
【23号】新東宝スタア星輝美／オリーヴ・トーマスの死
【24号】小杉勇・渡辺邦男・中川信夫／久保明インタビュー／万博の映像
【25号】柳川慶子インタビュー／井田探インタビュー／鶴田VS若山
【26号】東宝傍役俳優インタビュー／松竹時代の寺島達夫／争議とヤクザ
【27号】緑魔子&小谷承靖監督&柴田吉太郎監督インタビュー
【28号】高宮敬二自叙伝／横浜モダン・北林透馬／日本ロボット映画
【29号】B・クリステンスン研究／中田康子インタビュー／談志追悼
【30号】小森白インタビュー／B・ラ・マール伝／仏家庭映画小史
【31号】伊沢一郎・日活の青春／翻訳映画人・東健而／『殺人美学』再評価
【32号】70ミリ映画女優・上月左知子／土屋嘉男インタビュー／改題縮尺版
【33号】小笠原弘インタビュー／松竹キネマ撮影所／東宝レコード
【34号】阿部寿美子自伝／ラッセル・ラウズ監督再評価／福宝堂完全リスト
【35号】鬼才W・グローマン／アルモドバル本の誤訳／佐々木勝彦語る
【36号】ルーペ・ベレス／東映東京の〝血と骨〟／動物モノの巨匠A・ルービン
【37号】マイ・ゼッタリング／A・ド・トス／ブルーバード映画とロイス・ウェバー
【38号】西村潔〝お蔵入り〟の真相／J・ガーフィールド／『警視庁物語』
【39号】レムリ一族の興亡／原一民のみた黒澤明／ウェンデル・コリー
【40号】映画監督・三船敏郎／ディック・パウエル／和製ターザン樺山龍之介
【41号】河合映画・由利健次／『ファンタジア』／アードマン・アニメ
【42号】『どろろ』映画化／近藤経一／W・ベンディックス／全勝映画大調査
【43号】中川信夫の教育映画／東宝ビデオレンタル黎明期／A・ケネディ
【44号】小倉一郎、村井博のみた加藤泰／東独映画／フォード一家名簿
【45号】大船スタア園井啓介／ジョン・ギャヴィン／新東宝・大貫正義
【46号】『自動車泥棒』・和田嘉訓／帰山教正周辺／ビスタ・サイズの誤解
【47号】大映・小野川公三郎／ヘンリー・コスター／J・ウェインと仲間
【48号】ジョン・ファロー／『ジョアンナ』研究／森下雨村の映画／堺勝朗
【49号】田口勝彦による東映東京／ロリー・カルホーン／スコープ・サイズ
【50号】『二十歳の恋』田村奈巳／『2001年』半世紀／J・チャンドラー
【51号】三上真一郎追悼／『サロメ』女優／ビデオとワイド画面／岸田森

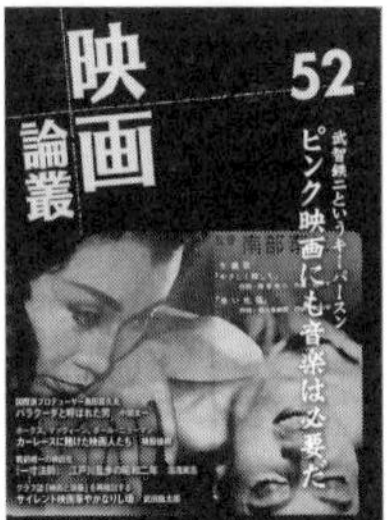

【52号】バラクーダと呼ばれた男・プロデューサー奥田喜久丸　小関太一／カーレースに賭けた映画人たち　猪股徳樹／乱歩作品戦前唯一の映画化『一寸法師』　湯浅篤志／『映画と演藝』誌にみるサイレント時代　武田鐵太郎／美術監督・千葉一彦インタビュー／藝人・桜川狐狸介　飯田一雄／独立系成人映画の作曲家たち　東舎利樹

【53号】絵筆で表現するスターたち　中田耕治／ジョン・スタージェスを語ろう　猪股徳樹／16対9テレビと映画の画面サイズ　内山一樹／山麟VS鶴田、東撮の決斗　五野上力／フィルムアーカイブ展示を斬る　浦崎浩實／井手俊郎、木村惠吾とコラボする　北里宇一郎／映画批評家旗揚げの頃　武田鐵太郎／書簡にみる三上真一郎

【54号】ピストル小僧オーディ・マーフィ　二階堂卓也／『殺人狂時代』オクラ入りの謎　小関太一／内田吐夢の岡山時代　世良利和／甲賀三郎『夜光珠を繞る女怪』　湯浅篤志／宍戸錠追悼　五野上力&ダーティ工藤／女優ミスタンゲット　戸崎英一／藝人早野凡平　飯田一雄／カーク・ダグラス追悼　瀬戸川宗太／コロナ下の映画館

●映画論叢バックナンバーのうち、No.3〜No.18まで（各号840円。送料樹花舎負担）のご注文は樹花舎へ。メールあるいはファクスでご注文ください。ファクス：03-6315-7084　メール：kinohana@mb.infoweb.ne.jp
No.19以降は国書刊行会へ。一部1000円+税。

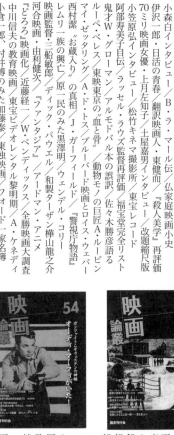

珍品ショウケース⑦
『爪をとぐ女猫』
ダーティ工藤

La Chatte sort ses griffes

（60・仏＊パリ・エリゼー・フイルム、フイルム・メッガー&ウー、フイルム・バラー）黒白・モノラル・ヨーロッパビスタサイズ（1・66：1）102分

製作＝ロバート・ウー　脚本・台詞＝ジャック・レミー　製作・脚本＝ユージン・タッチャー　脚本・監督＝アンリ・ドコアン　音楽＝ジョセフ・コスマ　撮影＝ピエール・モンタゼル　編集＝クロード・デュラン　美術＝ルシアン・オーギュスタン　衣装＝ヴィクター・ノエペール　助監督＝エドモン・アガブラ　録音＝ロバート・テイッシール　スチール＝ロバート・フォスター　スクリプト＝アニー・ロジール

出演＝フランソワーズ・アルヌール、ホルスト・フランク、ワーナー・ピータース（＊フェルデナンド・ピータース名義）、フランシス・ケリン、ハロルド・ケイ、フランシス・スピラ、ジャック・ファブリ、ベルナード・ラシャンゲ、ミシェル・ジョーダン、アン・トニエッテイ、クリス・フォン・ルーセン、ジェラルド・ダリュー、ジャン＝ピエール・ゾラ、フランス・アセリン、リリアン・パトリック、マリー・グローリー

フランソワーズ・アルヌールがセクシーな女スパイに扮した『女猫』（58・アンリ・ドコアン）の続篇。当時セクシー系女優の地位はブリジッド・バルドーに完全に奪われていたが、『女猫』は彼女にとって久々のヒット作となり急遽続篇が製作されることとなった。だが前作のラストで主人公は裏切者の汚名を着せられて、レジスタンスによって射殺されてしまったのだ。それで脚本家が頭を悩ませて捻り出したのが、彼女は実は死んでいなかった、というもの。まあ、結構使い古された手法だけどね。

レジスタンスによって裏切者として機関銃で射殺された女スパイ、コーラ（F・アルヌール）だったが、実はまだ息があった。コーラは、ドイツ軍によって秘かに病院に収容されて治療を受ける。ほぼ回復したコーラは、ドイツ軍心理部門のアルマンド博士（W・ピータース）によって新しい心理療法を受ける。ドイツ軍がコーラを助けたのは、博士が開発した新しい洗脳技術で彼女を洗脳し、逆スパイとしてレジスタンスに送り込む計画のためであった。連日、薬剤の投与や光の点滅を長時間強制的に見せるなどを繰り返し、コーラは次第に洗脳されて行く。この連日繰り返される洗脳シーンは、『セコンド』（66・ジョン・フランケンハイマー）でロック・ハドソンが受ける洗脳（というか別の人間に再生される）方法を先取りしたような徹底ぶりで、本作の白眉と言っていいだろう。この作戦の指揮官であるフォン・ホロヴィッツ大尉（H・フランク）によりコーラは偽装脱獄し、レジスタンスに復帰する計画が開始される。当初はレジス

タンス側から懐疑の目で見られたコーラだったが、（ドイツ軍の裏協力による）実績を重ねることにより次第に信頼を得て行った。やがて英国を標的にした新兵器V1ロケットを乗せた列車を爆破するという大計画が実行されようとするが……。まあ、この後はお約束でコーラは土壇場で正気に返ってドイツ軍に地団駄踏ませるのだが、演出のテンポが悪いので手に汗握るとまではいかなかった。果たして洗脳されているのか否かというのも、ポーカーフェイスのアルヌールにはピッタリな役どころなのだが、雑な演出であまり効果をあげていない。強制的にストッキングを脱がされる、という設定だけでエロティシズムを感じさせた前作に比べエロ度も減退しており、要は続篇ならではのやっつけ感が如実に出てしまっているのが致命的である。尚、『商船テナシチー』（34・ジュリアン・デュヴィヴィエ）のヒロイン、マリー・グローリーがチョイ役で出演し、これが彼女の最後の映画となったのも付記しておこう。

『肉体の怒り』。初期のアルヌールは大胆さがウリだった

　フランソワーズ・アルヌール（1931〜）は軍人である父が赴任していたアルジェリアで生まれた。『七月のランデブー』（49・ジャック・ベッケル）でノンクレジット、デビュー。同年、彼女のポートレートを見たウィリー・ロジェ監督が『漂流物』の主役に大抜擢。以降、セクシーでコケティッシュな魅力で人気を獲得し、『禁断の木の実』（52・アンリ・ヴェルヌイユ）『肉体の怒り』（53・ラルフ・アビブ）ではビーチクも披露。演技力もつき『過去をもつ愛情』（アンリ・ヴェルヌイユ）『フレンチ・カンカン』（ジャン・ルノワール）（以上54）、『ヘッドライト』（55）『遥かなる国から来た男』（ルネ・クレール）『幸福への招待』（アンリ・ヴェルヌイユ）『大運河』（ロジェ・ヴァディム）（以上56）と人気もピークとなる。中でもジャン・ギャヴァンと組んだ『フレンチ・カンカン』

『ヘッドライト』が味わい深い代表作。日本人好みの50年代を代表する仏女優である。

ホルスト・フランク（1929〜1999）はドイツのリューベック生まれ。テーマ曲が世界的にヒットした『撃墜王　アフリカの星』（57・アルフレッド・ワイデンマン）で正式デビュー。『鮫と小魚』（57・フランク・ウィスバー）の演技が高く評価される。60年からは海外作品にも出演するようになり、米戦争映画『ブルーライト作戦』（66・ウォルター・E・グローマン）、マカロニ西部劇『皆殺しのジャンゴ／復讐の機関砲』（68・フェルナンド・バルディ）、ジャーロ（犯罪もの）『わたしは目撃者』（70・ダリオ・アルジェント）、SF『地獄のライトスタッフ』（78・ライナー・エルラー）などアクの強い演技で多数出演するが、決定打に欠けたため大ブレイクには至らなかった。

『女猫』。クルト・マイゼルと

アンリ・ドコアン（1896〜1969）は学生時代に水泳など各種スポーツのチャンピオンとなるほどのスポーツマンだった。経歴を生かしたスポーツ記者から戯曲、小説を書き29年映画界へ入る。カルミネ・ガローネなどの助監督を勤め30年には早くも監督デビューを果す。35年にダニエル・ダリューと結婚し、『背信』（37）『暁に祈る』（38）など若く美しい盛りであった彼女の主演映画5本を撮り人気監督となる。戦後もフィルムノワール『真夜中まで』（48）『筋金を入れろ』（54）『火薬に火』（56）、サスペンス『上級生の寝室』（53）『女猫』（58）『カサブランカの夜』（64）、レヴューもの『巴里の不夜城』（56）、メロドラマ『やさしく激しく』（60）など職人監督として手堅い仕事ぶりをみせた。

（だーてぃ・くどう）

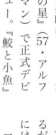

性格俳優ロイド・ノーラン

J・エドガー最初のお気に入り俳優

千葉豹一郎

テレビでデーブ・スペクターを見るたびに、誰かに似ているな、と気になっていた。10年程前、レンタルした『Gメン』(35)を何十年かぶりで再見していてふと気づいた。そうだ、ロイド・ノーランだ！　失礼ながらスペクター氏のイナゴのような面立ちは、若き日のノーランと重なる。奇しくも『Gメン』はノーランのデビュー作にあたり、以後遺作となった『ハンナとその姉妹』(86)までの半世紀に渡り、多ジャンルの作品で様々な役を演じ続けた。

主役や準主役もあるが、殆どが一番手、二番手の手堅い脇役、性格俳優としてほぼ同じポジションで活躍した。当初の悪役やB級作から探偵、刑事等の法の側の人間を演じるようになり、次第に作品の格も上がって後期は医師、上級軍人等のエリートから平凡な市民まで幅広く演じた。アーサー・ケネディのように注目を浴びてオスカー候補に推されることもなく、若い頃から落ち着いた物腰で、本当にコツコツ与えられた役に真摯に取り組んだように見受けられる。出番は僅かでもいつも印象に残り、ノーランが出てくるだけでわが国の鈴木瑞穂と同様、作品の格まで上がったように感じたものだ(逆の御仁もいるけど)。ショウビジネスの人間というより、中産階級以上の教養ある紳士。古き良きアメリカ人らしく自信と寛容心に満ち、困っている人間がいれば上から目線ではなくごく自然に手を差し伸べる。ノーランに対しては、

若き日のロイド・ノーラン

最初からそんなイメージを持った。

悪役を演っても好イメージが揺らぐことはなく、後半よく演じた温厚篤実な人格者そのものだったように思えてならない。実際、つねに孤独を抱え精神的にも不安定だったアラン・ラッドにずっと寄り添い『The Films of Alan Ladd』の序文も書いている。早くに父と死別したラッドは父性愛に飢え、共演を機に親しくなったウィリアム・ベンディックス、ヴァン・ヘフリンも皆年上。家族にはけっして見せない弱みも彼らの前では吐露したという。中でも『Wild Harvest』(47 未)で親しくなった10歳以上年長のノーランは、特別な存在だったようだ。ノーランはラッドの映画スターとしての資質を大変高く買っていて、自宅が近かったこともあり家族ぐるみの付き合いをしていたそうだ。たまたまギリシャを旅行中のノーラン夫妻が、当地で『島の女』(57)のロケ中だったラッドをサプライズ訪問すると、いきなり抱きついてきて号泣したという。ノーランは予想外の反応に驚くと同時に、自分より背の高いソフィア・ローレンと共演する屈辱から心身に不調を来たしたラッドにいたく同情し気遣った。やはりノーランとはイメージ通り、思わず助けを求めたくなる心の広さと信頼のおける人間性を兼ね備えた人だったのだろう。間もなくナポリで再会したラッドはさらに症状を悪化させ、この時のダメージが謎の

『ブルックリン横丁』で警官に扮するロイド・ノーラン。ジョーン・ブロンデル、ドロシー・マクガイア、ジェームス・ダン、ペギー・アン・ガーナーと

死の一因になったのではないかと述懐している。ラッドの早過ぎる死を止めることは出来なかったかもしれないが、いかにもノーランらしい思い遣りにラッドばかりかこちらも救われた思いがする。

『Gメン』はそんなノーランのキャラクターがよく活かされ、後の萌芽も見出せる。また隆盛を極めたギャング映画の分岐点ともなった作品だ。従前の作品が結果的にギャングを礼賛してると当局から睨まれ、勢いも陰ってきたことから視点を法の側へ転換させ、主役にもギャング映画の象徴ともいえるジェームス・キャグニーを据えて延命を図ったのである。ギャングのボスの援助で弁護士となったキャグニーは依頼もなく、FBIに入局した大学時代の親友からも勧誘されていた。その彼が殉職。捜査官が武器の携行を許されていないのを見透かされての凶行だった。仇を討つべく入局を決意したキャグニーを、ボスは快く祝福してくれた。元々下心はなく「俺みたいな人間になっちゃいけねぇ」との義侠心から出た純粋な援助だったのだ。しかし上司のロバート・アームストロングは両者の関係を訝り、反りも合わなかった。妹のマーガレット・リンゼイと親しくなったのも気に入らなかった。先輩格のノーランはそんなキャグニーに目をかけ何くれと親切にしてくれたが、犯人の護送中に襲われて殉職してしまう。やがてFBIも武器の携行を許され、キャグニーらは足を洗ったボスの別荘に逃げ込んだ凶悪犯の逮捕に向かう。壮絶な銃撃戦の巻き添えでボスは死に犯人は逃走。再び追いつめられた犯人はアームストロングを庇ったキャグニーを負傷させて妹のリンゼイまで誘拐するが、遂に射殺され妹も無事救出される。

この手の映画とは縁遠かったウィリアム・キーリーの演出もテンポよく、今では考えられない実弾を使っての銃撃戦の場面も迫力満点。司法省の小規模な捜査機関に過ぎなかったBOIの長官ジョン・エドガー・フーバーが、組織改編して発足させたFBIの初代長官に就任したのはこの年。ジェームス・スチュワートの『連邦警察』(59)に先んじて、FBIが武装化も経て拡大してゆく過程が描かれていた。ノーランが殉職する事件も33年に起きた〝カンザスシティの虐殺〟をモデルにしている。この映画との出逢いが後にノーランに幸運をもたらすのだが、当初は悪役の時代が続く。

ノーランは1902年、サンフランシスコの生まれ。アイルランド系で父は成功した靴職人。地元の高校を経て名門スタンフォード大学を卒業後、ダスティン・ホフマンやジーン・ハックマンらも輩出したパサディナ・プレイハウスに学んで舞台に立ち、ブロードウェイへ進出した。映画入りした『Gメン』以降はラオール・ウォルシュの『アメリカの恐怖』(36)や、レイ・ミランドと『女優フランシス』(82)のモデルとなったフランシス・ファーマー主演のテクニカラー『引き潮』(37)(フジの深夜枠で放映の際は、戦後の同名スタンダードナンバーをBGMに使っていた)等で残忍な悪役を巧みに演じ、前者では主役のケーリー・グラントを完全に喰っていた。大きく注目されたのは49年にカラーリメイクもされた、テキサス百年祭に因んでキング・ヴィダーが原案と制作も兼ねた『テキサス決死隊』(36)だった。

ノーランと悪事を重ねていたフレッド・マクマレイとジャック・オーキーは司直の目を眩ますためテキサスレンジャーの隊員となるが、次第に任務と良心に目覚めて改心する。一方のノーランはますます悪名を轟かせ、逮捕を命じられたマクマレイは拒否して投獄される。友の窮状を救おうと訪ねてきたオーキーを、ノーランは平然と射殺して死体を送りつけ、志願して逮捕に来たマクマレイに倒される。水玉模様のスカーフをトレードマークにしたノーランの荒くれぶりが出色で、スケールも大きくこの時代の代表作のひとつに数えられる。

フランク・ロイドの『新天地』(37)にも出ていたノーランは西部劇でも頭角を現し、『駅馬車』(39)に抜擢されるのをまだ知らなかったジョン・ウェインが、脚本を読んでリンゴ・キッド役にいいと思って推したほどだった。

さらに転機となったのは、日本でも邦訳が多数出版されているブレット・ハリデイが創出したマイアミの私立探偵マイケル・シェイン役だった。フォックスで40年から2年間に7本も制作され当たり役となった。後のリチャード・デニング主演のテレビ版は日本でも放送されたが、映画版の方は戦時中だったこともあってすべて未輸入に終わり、日本に於けるノーランの評価に微妙な影を落とした。

しかしエリア・カザンの初監督作『ブルックリン横丁』(45)は、戦中のブランクを埋めて余りあった。好人物だが大酒呑みの夫に死なれ2人の子供を抱えてけなげに生きるドロシー・マクガイアーと子供たちを見守り続け、最後に求婚する親切な巡査を好演して戦前のイメージを一新させた。求婚を受け入れられてほっと緊張の解けた一瞬の仕草に、善良な人柄と一家の幸福な未来が垣間見えた。

続いてノーランがFBI捜査官に扮した『Gメン対間諜』(45)は、ムラの少なかったノーランのキャリアの中で最高峰ともいえる代表作だ。戦後大流行したセミドキュメンタリータッチの先駆的作品と同時に、FBIの大プロパガンダ映画。イメージ戦略の重要性に早くから気づいていたフーバーは『Gメン』で味をしめ、生涯FBIのイメージアップに腐心して、虚実ない混ぜの映像の中に自らの理想像を追い求めた。

その代表格がノーランや『連邦警察』のジェームス・スチュワート、そのテレビ版『FBI　アメリカ連邦警察』のエフレム・ジンバリスト・ジュニアであり、『連邦警察』の基になった原作を子供向けにした『かつやくするFBI』という本まで出ていた。事件記録の提供やFBI本部等の撮影協力に止まらず、テレビ版では制作側との連絡役にデューク・デローチという専従の捜査官まで置いていた。端役でもFBI捜査官を演じる俳優のルックスや経歴には目を光らせ、私生活まで細かくチェックしていたという。主役には見栄えや着こなしが良く、知的で紳士然とした万人から好感を持たれるフーバー好みの俳優が選ばれ、思惑通り見事に成功している。個人的にもFBI捜査官のイメージは40年代がノーラン、50年代がスチュワート、60〜70年代がジンバリストだ。ノーランがスタンフォード、スチュワートがプリンストン、ジンバリストがエールと揃って名門大の出身。いずれも撮影に先立ってはヴァージニア州にあるFB

『Gメン対間諜』パンフレット。写真はスパイ役のウィリアム・エイス。右上にノーランの名がみえる

Iアカデミー（通称　クワアンティコ）に体験入学し（させられ？）、射撃操法等の捜査官としての基本を学んだ。

ＦＢＩは30年代から対スパイ捜査に本腰を入れ、それが飛躍的発展の基となった。『Ｇメン対間諜』は米国史上最大のスパイ事件といわれる二重スパイを使ったナチス一味の壊滅までを、実写フィルムも用いて克明に描いた。目立ちたがり屋のフーバーは映画の冒頭に登場し、事件概要の説明にかこつけて自ら指揮を執って一味を摘発したと自画自賛。最新の設備も備えたＦＢＩがいかに優秀な捜査機関であるかを披歴するため本部の撮影を許可し、ドイツ大使館内部やスパイを隠し撮りした映像も惜しみなく提供した。さらにノーランの率いる部下役には本物の捜査官を大量動員する徹底ぶりだった。こうしたフーバーの誇大宣伝癖が、結果的にセミドキュメンタリーの勃興と発展に大きく貢献したのは何とも皮肉だ。捜査を指揮するノーラン演じるジョージ・Ａ・ブリッグス主任捜査官はフーバーの化身ともいえ、本物の捜査官たちに混じっても遜色なくきびきびした好演で作品全体を引き締めていた。ノーランは『暗黒街の医師』（39未 Undercover Doctor）でもＦＢＩ捜査官を演じていて、『Ｇメン』の頃から目を付けていたのかもしれない。


フーバーはノーランにいたくご満悦だったとみえ、『Ｇメン対間諜』の兄弟編にあたる『情無用の街』（48）でもまったく同じ役で出演している。監督はヘンリー・ハサウェイから、『Ｇメン』のウィリアム・キーリーに交代。今回もＦＢＩが全面協力し、各地を荒らし回る強盗団の逮捕までが、現地ロケによるセミドキュメンタリータッチで描かれる。ただ、前作のような実写フィルムの挿入はなく、実際に事件の起きた場所でのロケに止まった。１発の銃弾から、頻発する凶悪な強盗殺人犯に目星を付けたノーランは、若手の捜査官マーク・スティーブンスを潜入させ、首領のリチャード・ウィドマークとの接触に成功する。警察内部に内通者がいたりして一時は危ない場面があったりもするが、駆け付けたノーラン一隊との激闘の末、一味は殲滅され内通者も逮捕される。

前作に比してドキュメンタリー色が薄くなった反面、こちらの方が見せ場も多くて娯楽色が強く、国辱映画と酷評された『東京暗黒街・竹の家』（55）にリメイクもされている。また、この時期続いた『白熱』（49）やアラン・ラッドの『対決』（50　当初はキーリーの監督予定だったが、ルイス・アレンに交代）といった潜入捜査官の活躍する作品の先駆けともなった。ただ、『死の接吻』

『黒い肖像』パンフレット。サンドラ・ディー

(47)で鮮烈なデビューを飾ったウィドマークの肺病やみの非道なギャングがあまりに際立ち過ぎた。凶悪なうえに警察上層部まで抱き込む狡猾さを併せ持ち(その割には確証となる同じ銃を使い続けるのだが…)、今日『情無用~』といえばウィドマーク初期の代表作としてのみ語られることが多い。お蔭で事実上の主役ともいえるスティーブンスはすっかり影が薄くなり、ノーランも割を喰ったのはお気の毒だった。

ノーランは本作が62本目の出演作に当たり、悪役が24本、法の側がちょうど同数になったと喜んだそうだが、戦後は圧倒的に後者の割合が増えていった。一人称のカメラワークが評判となったロバート・モンゴメリー制作、監督、主演の『湖中の女』(46)は悪徳刑事役だったが、マンキーウィッツ初期のフィルムノワール『記憶の代償』(46 Somewhere in the Night)では敏腕警部、名馬フリッカ物の第3弾『ワイオミングの緑草』(48)の父親、ジャネット・マクドナルド最後の出演作で名犬ラッシー物の1本『山荘物語』(49)では彼女の相手役、ジョン・ウェイン共演の『男の叫び』(53)の捜索パイロット、ロバート・テイラーの衝撃的な凍死姿が幕切れの異色西部劇『最後の銃撃』(56)の片足の皮剥、親友アラン・ラッドの敵役を演じた『サンチャゴ』(56)、『ロケット・パイロット』(56)のウィリアム・ホールデンの上官、『夜を逃れて』(57)のドン・マレーの父親、実話に基づいたタイロン・パワー晩年の『二十七人の漂流者』(57)、ラナ・ターナーの『青春物語』(57)の高潔誠実な医師といった有名スターとの共演作が続き黄金期を迎えた。と同時に、『青春物語』に象徴される、人格者、医師、社会的地位の高い人物というキャラクターが強固に形作られてもいった。

『黒い肖像』(60)は、それを逆手に取った憎まれ役。『白熱』『千の顔を持つ男』(57)『誰かが狙っている』(60)等の脚本も手がけた名コンビ、ベン・ロバーツとアイヴァン・ゴッフが自らの舞台劇を脚本化し、人気絶頂のサンドラ・ディーが『悲しみは空の彼方へ』(59)に続き再びラナ・ターナーと母娘（今回は継母）に扮した。海運業界の大立者ノーランは半身不随で病床の身ながら、つねに怒鳴りまくって家族や使用人たちを支配する横暴極まりない専制君主。おまけに嫉妬深く、周囲はいつもぴりぴりしていた。こういうエキセントリックな役も上手く、後妻のターナーが主治医のアンソニー・クインによろめいてゆくプロセスが現実味を帯びてくる。2人は謀ってノーランを自然死に見せかけて殺害。完全犯罪が成功したかに思えた矢先、犯行を記した脅迫状が届く。送り主はかねてターナーに言い寄り会社の乗っ取りも企んでいた顧問弁護士リチャード・ベースハートと睨んだクインは、彼を射殺し車ごと崖まで運んで転落させ事故死を装うが再び脅迫状が届いて….

舞台『ケイン号の反乱』でヘンリー・フォンダと

クインが弁護士の死体を捨てに行く際、帰途に必要な自分の車を運転の出来ないターナーに、にわかで操作を教えて無理やり運転させる場面は、緊迫感を盛り上げるためらしいが設定に難あり。危なげに走りながら着いていく様も冗長にも思え、クインの車が操作の容易なプッシュボタン式自動変速機の車というのも都合が良過ぎた。子供時分から行っているモータースクールでも現物は見たことがなく、教習所のテキストに載っていたくらいだ。故障の多発等ですぐに廃れてしまったらしく、ようやく幻の車にお目にかかれたのは大学時代にカーフェリーの船上で、この一度きりだった（技術の向上した近年また復活し、一部の車種に搭載されているが）。他にも引っかかる点はあったが、一癖あるキャストと捻った筋立てで充分楽しめ再見もしてみたい1本ではある。

この後は、ディーと並ぶ人気アイドルだったコニー・スティーブンスの父親に扮した『スーザンの恋』（61）、ミッキー・スピレーン自らマイク・ハマーに扮し稚拙な自作自演ぶりを嘲笑された『The Girl Hunters』（63）では十八番の連邦捜査官、久々にジョン・ウェイン共演の『サーカスの世界』（64）、再度スティーブンスと組んだ『お呼びの時間』（65）に出演した。

これらと並行して、古巣の舞台やテレビでの精力的な活躍も見逃せない。映画ではハンフリー・ボガートが演じた『ケイン号の叛乱』（54）のクィーグ艦長に扮した。

舞台と単発のテレビで、55年度のエミー賞を受賞。テレビにも草創期から積極的に踏み出し、未輸入番組の他『幌馬車隊』『パパは何でも知っている』『アンタッチャブル』『ボナンザ』『ララミー牧場』『バージニアン』等の日本でも放映された多くの人気番組にゲスト出演した。『アンタッチャブル』ではカポネの宿敵で〝セントバレンタインデーの大虐殺〟を危うく逃れた実在のギャング、バッグス・モランを演じていたのが印象に残る。

主演シリーズも3本ほど持っていて、私立探偵に扮した『マーチン・ケイン』（1949〜54）は日本でもテレビ初期に一部が放映されたが、主役がちょくちょく替わっているのでノーランの出演分が含まれていたか否かは不明。2本目は実話に基づく『特捜SA7』（58〜59）。偽札や密輸事件等を追う財務省直属の捜査官（通称Tメン）を好演し、『Gメン対間諜』や『情無用〜』を彷彿とさせる活躍を見せた。こちらは日本では8年遅れの放送だったが、3本目となる『ジュリア』（68〜71）は黒人女性初の主演として話題を集めた先進的な新着シリーズ。『さよならをもう一度』（61）等にも出演した歌手でもあるダイアン・キャロルが子連れの戦争未亡人の看護師に扮し、ベトナム戦争の影の部分を初めて投影したことでも注目された。時に厳しくも母子を温かく見守る老院長は、『ベン・ケーシー』のサム・ジャッフェ、『ドクター・キルデア』のレイモンド・マッセイと並ぶノーランならではの適役だった。日本でもキャロルを中村メイコ、ノーランを『サンダーバード』の父親役の小沢重雄が吹き替え、そこそこ人気があった。

折しもこの前後は各局が洋画枠を増設し、ノーランの出演作が頻繁に登場するようになってこれまで述べた作品の多くも最初はテレビで観たものである。『特捜〜』と『大空港』（70）のテレビ放映時は『宇宙大作戦（スタートレック）』の吉沢久嘉だったが、他は局や新旧を問わず殆ど大木民夫が吹き替えていてこのイメージが強い。こういうケースは極めて稀で、それだけ合っていたということだろう。名画座で観た、日本では無視されたノーマン・メイラー原作の問題作『殺しの逢い引き』（66）の主人公スチュアート・ホイットマンの妻エレナー・パーカーの父親、『ダブルマン』（67）のユル・ブリンナーの上司のCIA高官、『北極の基地　潜航大作戦』（68）の提督、『大空港』（70）のベテラン税関職員等、声質がよく似ている訳ではないのにまったく違和感を覚えなかった。

『マーチン・ケイン』のノーラン

70年代以降は『大空港』のヒットにあやかったオールスターのパニック映画『大地震』（74）と『大火災』（77本国ではTVムービー）で医師に扮したが、日本公開作はこれらに止まり、ハーラン・ストーン司法長官を演じたラリー・コーエン監督の『The Private File of J.Edgar Hoover』（77 未 フーバー役は『ハイウェイ・パトロール』のブロデリック・クロフォード）、ケネディ元大統領の父親に扮した『Prince Jack』（84 未）は未公開に終わった。

一方で多数のTVムービーと並んで相変わらずのペースでシリーズのゲスト出演も続けていた。『FBI　アメリカ連邦警察』『マニックス』『警部マクロード』『署長マクミラン』『女刑事ペパー』『ドクター刑事クインシー』『探偵レミントン・スチール』等々…。出演してない番組はないくらいの八面六臂の活躍。これらでノーランの健在ぶりに接し喜ばしく思っていた。

　そして80年代の半ば、ウッディ・アレン作品に出演するとの報が入ってきた。ミア・ファローの父親の元舞台俳優という役どころで、ファローの実母モーリン・オサリバンと夫婦を演じた。自ら「これが最後の映画になるだろう」と語った通り間もなくの85年に肺がんのため、二度目の妻に看取られ83歳で息の長い俳優人生の幕を閉じた。自閉症の息子を早くに亡くし糟糠の妻とも81年に死別して、翌年再婚したばかりだった。歳に不足はないとはいえ、子供の頃から親しんだ近所の気のいいおじさん（御隠居?）が亡くなったような一抹の寂しさを覚えた。遺作となった『ハンナとその姉妹』（86）の公開は死の翌年のことだった。

　テレビでの遺作は、毎回往年のスターを実に上手く使って唸らせた『ジェシカおばさんの事件簿』。森光子の吹き替えもあって日本でも評判がよく、ノーランの吹き替えは慣れ親しんだ大木民夫だった。ノーランが扮したのは名医の役を何十年も演じ、時折本物の医師だと自他共に錯覚する尊敬を集める老優。惜しむらくは、演技力の見せどころのあるドラマチックな代表作、主演作に恵まれなかったことだが、映画、テレビの遺作の何れもノーランの長年の功績に報いるにふさわしい役柄だったのは敬意も感じられ何より嬉しい。


（ちば・ひょういちろう）

『ジュリア』のスチール。上からダイアン・キャロル、ノーラン、マーク・コパージュ

デジタル過渡期の映画上映㉖
科学より空想へ
長谷川康志

花火ショー開発が専門の株式会社丸玉屋が企画・製作した4K全天周映像『ハナビリウム』（19年／25分／五島光学研究所配給）をご存知だろうか。今年2月の第12回恵比寿映像祭において、ガーデンプレイスに直径13mのドームを仮設し無料上映したことで注目を集めた。花火の種類や歴史をアニメを交えて解説し、最後は打ち上げ花火を様々な角度から映し出す。この比較的地味な作品が、コロナ禍で花火大会が軒並み中止となったために突如人気作となった。伊勢原市こども科学館（7月23日〜）など全国13のプラネタリウムで、来春にかけて順次公開されることになったのである。興行とはまず時宜を得ることだと、改めて考えさせられた。

逆にコロナ禍が起こらなければ、ディズニーの実写版『ムーラン』は世界で相当な成績を収めたに違いない。香港国際空港を占拠したデモ隊が環球時報記者に暴行した翌日の昨年8月14日、主演女優リウ・イーフェイはウェイボーに人民日報が掲載した記者の言葉「我支持香港警察」の画像をシェア、民主運動家たちからボイコットの標的にされたとはいえ、である。

さて、前号では5月20日までを扱ったので、まずその続きを「映画とデジタル」の視点から時系列に整理してゆく。そこにディズニーと『ムーラン』を巡る世界の出来事を組み入れてみたい。煩雑にならぬよう、日本国内での『ムーラン』公開日の延期を先に記しておくと、4月17日→5月22日→9月4日→無期限延期→9月4日ディズニー＋（プラス）独占配信の順であった。日付は現地時間で記す。

なお、「文化通信ジャーナル」が20年4月号から毎号コロナ特集を組み、映画館の休館・再開や公開延期作のリスト等も掲載しているので、必要に応じてご参照いただきたい。

†

3月9日▽『ムーラン』LAプレミア

12日▽『ムーラン』ロンドンでプレミア。3月21日の米公開延期の報道も

4月1日▽日本の国家安全保障局に「経済班」が発足。技術情報の海外流出等に対処する。6日の発足式では菅官房長官が訓示。

3日▽米ディズニー『ムーラン』米国の新たな公開日は7月24日と発表。

5月11日▽上海ディズニーランド再開

14日▽映連が「映画撮影における新型コロナウイルス感染予防対策ガイドライン」を策定（7月9日改定）。

20日▽京都文化博物館フィルムシアターが定員78名で上映を再開。

22日▽全興連「映画館における新型コロナウイルス感染予防対策ガイドライン」を策定（8月20日改定）▽鶴岡まちなかキネマ（4スクリーン）閉館。運営のまちづくり鶴岡が19日に私的整理へ。債権約4億2千万円。

25日▽日本政府が緊急事態宣言を全面解除▽米ミネアポリス近郊で黒人男性ジョージ・フロイドが白人警官の拘

束で死亡。以後、全米でBlack Lives Matter運動が激化。

29日▽「We Are One:A Global Film Festival」がYoutube上で6月7日まで開催。トライベッカ・エンタープライズ（03年にデニーロらが設立）が企画主催し、中止になったカンヌなど含め20以上の映画祭が参加。収益はＷＨＯのコロナ基金に寄付された。

6月1日▽都内の松竹系、ティ・ジョイ&東映系、イオンシネマ、武蔵野興業、佐々木興業、ユーロスペース、神保町シアター、早稲田松竹等が再開（※1席あける50％券売、以下同）。▽神戸映画資料館（4月10日休館）再開。6日から12席で上映も再開。

5日▽都内のＴＯＨＯシネマズ、テアトル系、シネロマン池袋（4月9日休館）、上野オークラ、横浜光音座が再開。

6日▽シネマヴェーラ渋谷が再開。

8日▽この頃よりシアトルにデモ隊が占拠した「自治区」ＣＨＡＺが形成される（7月1日解散）。

9日▽人種差別的な描写が含まれるとしてHBO Maxが『風と共に去りぬ』を配信停止。6月24日に解説動画２本を添付して配信を再開。

11日▽ル・シネマが再開▽アップリンク京都（4スクリーン／4月16日から延期）、キノシネマ天神（3スクリーン／4月28日延期）が開館▽ディズニー＋が日本で配信スタート。月額円（税別）、初月無料。米国やカナダでは19年11月12日に開始した。

13日▽岩波ホールが再開。

15日▽4月1日に開館予定だった港区立みなと科学館が全館オープン。

17日▽ラピュタ阿佐ヶ谷が再開。

19日▽全興連、厚労省と経産省に「マスク着用の義務化」「座席１００％販売」のガイドライン改定案を送付▽厚労省「新型コロナウイルス接触確認アプリ（ＣＯＣＯＡ）」配信開始。

22日▽仏で映画館再開▽子ども向け英語教室ディズニー・イングリッシュが中国からの撤退を表明。

24日▽T・ジョイ横浜がオープン（5月30日から延期）。

26日▽『ムーラン』米公開日を7月24日から8月21日に延期と発表。

27日▽カリフォルニア州のディズニーリゾートの11の労組、コロナ対策が適切でないと車２００台で抗議。ディズニーは7月17日の再開を無期限延期。

30日▽中国が「香港国家安全維持法」を可決・施行。

7月1日▽米下院に民主党議員が「香港自治法」提出。14日に大統領が署名・成立▽ソウルのディズニー韓国本部前で学生団体等が『ムーラン』ボイコットと謝罪要求のデモ。

3日▽ＴＯＨＯシネマズ池袋オープン

5日▽小池百合子都知事再選▽「戦争の記憶と記録を語り継ぐ映画祭（旧・新藤兼人平和映画祭）」（5〜6、9日・江東区文化センター他）が開催。

7日▽国立映画アーカイブが再開。

9日▽アンスティチュ・フランセ東京が『今晩おひま？』で上映を再開。

10日▽米通商代表部、仏のデジタル課税に対抗し21品目に25％の関税上乗せを発表▽文化庁「文化芸術活動の継続支援事業」（予算５０９億円）の申請受付開始。ミニシアターは経産省「小規模事業者持続化補助金」の対象とならない場合のみ申請が可能。

11日▽フロリダ州のディズニーワールドが制限つきで再開。批判殺到。

14日▽英政府、ファーウェイを５Ｇから排除へ。27年までに完全撤去。

15日▽パリのシネマテーク・フランセーズが上映・展示を再開。

16日▽3月1日を最後に休止した銀座メゾン・エルメス ル・ステュディオが3月上映作『ムーンウォーク・ワン』を配信（〜6月24日）。以後月1作品を配信▽バー米司法長官がディズニーやアップルを中国の手先と指摘。

22日▽東京発着を除き、Ｇｏ Ｔｏトラベルが始まる。

23日▽米ディズニー『ムーラン』8月21日の米公開を無期限延期と発表。

28日▽米コダック、政府融資で医薬品分野進出の報道で株価が20倍近く急騰
8月1日▽沖縄県が独自の緊急事態宣言（9月5日まで）。

4日▽米ディズニーは決算発表の中で『ムーラン』の米国での劇場公開を断念、9月4日よりディズニー＋での配信に切り替えると表明。

5日▽ポンペイオ米国務長官が米通信網から中共の影響を徹底排除する「クリーンネットワーク」構想を発表▽愛知県が独自の緊急事態宣言（8月24日まで）

6日▽トランプ大統領、バイトダンス（TikTok）やテンセント（WeChat）との取引を禁止する大統領令に署名。

10日▽香港国家安全維持法違反容疑で周庭氏らを逮捕。翌日保釈。

13日▽トランプ政権の仲介で、イスラエルとＵＡＥが国交正常化で合意。

17日▽米、ファーウェイ関連企業21カ国38社を禁輸措置対象に追加。

28日▽安倍首相が辞意表明。

29日▽6月1日再開のユジク阿佐ヶ谷が休館。《急激な経営環境の変化により、運営が困難と見込まれる為》と6月23日に告知。再開は未定。

9月1日▽第77回ベネチア映画祭開幕
3日▽「あいち国際女性映画祭２０２０」（〜6日）が開催。

4日▽米日英加豪独伊などディズニー＋展開国で『ムーラン』配信開始（劇場公開なし）。別途プレミアアクセス料金が必要（日本は２９８０円税別）。ディズニー＋がない台湾、タイ、トルコなどで劇場公開開始。新疆ウイグル自治区での撮影に対し現地政府機関へ謝辞を示すクレジットが問題に。更なるボイコットへと発展▽アンスティチュ・フランセ東京が《技術上の理由により》9月中の全上映中止。

8日▽アカデミー賞作品賞の新たな選考基準が発表される。メインキャストやスタッフなど4項目中2項目以上で一定数の女性やマイノリティの登用を求める。24年（第96回）から適用。

10日▽ＴＯＨＯシネマズ立川立飛オープン▽『ムーラン』露で劇場公開。

11日▽『ムーラン』中国で劇場公開。初週末興収２３２０万ドルと低調。

15日▽12時にSAVE the CINEMA要望書の署名活動が終了。約9万2千筆▽都が飲食店への時短営業要請を終了。

16日▽菅義偉内閣が発足。行政デジタル化推進のデジタル庁新設へ。

17日▽『ムーラン』韓国で劇場公開▽周庭氏、『ムーラン』を《皆さんも、観ないでください》とツイート。

18日▽「ゆうばり国際ファンタスティック映画祭2020」がオンラインで開催(～22日まで)。

19日▽中国商務省、主権侵害の外国企業の活動を禁じる新制度を発表▽イベント開催の制限緩和を受け、全興連が「ガイドライン」を再改定。《収容率100%にする場合は、飛沫感染を防止するためにマスクを外す懸念のある食事をさせないよう》等が加わる。T・ジョイ、武蔵野興業、東京テアトル、ユーロスペース、シネマヴェーラ、新文芸坐等が全座席販売再開。

20日▽「アジアフォーカス・福岡国際映画祭」(～24日)が開催。

21日▽松竹系が全座席販売を再開。

26日▽「イメージフォーラム・フェスティバル2020」(～10月4日)が全座席販売で開催。

28日▽松竹系が隔席販売に戻し、フード販売を再開。

†

時系列を追えば明らかなように『ムーラン』が抱えた問題は二つあった。民主運動家らが反発する「中共支持」「ウイグル」の観点、いま一つは米政府の掲げる「クリーン・ネットワーク」である。とはいえ今やハリウッド映画は中国市場に支えられている。米中に板挟みになるディズニーの姿は、この対立が単に通信産業の主導権争いではなく世界の安全保障の問題であること、そしてその結果生じる新たなブロック経済圏までをも暗示している。

さて、米国では『TENET テネット』が映画館再開の里程標になっていた。シネマークのようなシネコンチェーンは同作の公開日7月17日を全館再開の目標にしていたが、コロナは収束せず、公開が7月31日、更に8月12日へと延期。英国や豪州の8月26日より遅い9月3日にようやく米国で公開された。この週末にシネコン最大手AMCは約7割の劇場を再開したものの、LAやNY州はじめ、いくつかの民主党系知事の州では閉鎖が続いていたため、初週末興収2020万ドルと低調だった。だが、中国など海外でのヒットに支えられ、北米公開の3週後には世界興収2億5千万ドル突破。『ムーラン』と明暗を分けた。

公開と製作のバランスも大きく崩れている。3月に中断したハリウッド映画の撮影は夏頃から徐々に米国外で再開され始めた。9月1日に英リーブスデンスタジオで再開した『ザ・バットマン』では主演ロバート・パティンソンが再開3日でコロナ陽性に。撮影が2週間中断した件は広く報じられた。

7月に再開した『ジュラシック・ワールド』続編でもスタッフに感染者が複数出ており、メインキャストのマルタ島ロケが中止になっている。

†

国内の状況に目を転じよう。５月下旬から次第に再開した映画館は上映できる作品が乏しく、東宝の場合は「午前十時の映画祭10＋」の作品群に加え、『シン・ゴジラ』など自社旧作27作品を再上映した。公開後はデータを消去するので、特別予算を組んでＤＣＰを再制作したという。東映も６月５日から丸の内ＴＯＥＩで『仁義なき戦い』シリーズなどを、渋谷ＴＯＥＩでは「とーあに！これくしょん」（東映動画作品12本）を上映。ディズニーは実写版『シンデレラ』やマーヴェル作品などを各シネコンへ再配給。スタジオジブリは６月26日から全国３７４劇場で４作品を再上映。『千と千尋の神隠し』を筆頭に数週に渡り動員数の上位を独占した。ＩＭＡＸや４Ｄでは７月10日より「ノーラン夏祭り」と題して４作品がリバイバルされた。

また、映画館のコロナ対策の一環で、全興連「マナーＣＭ」「映画館における換気実証実験の映像（６月23日撮影）」、映画館に行こう！実行委員会「ドラえもんの新しい映画様式」が制作され、本編前に上映された。

再開後の映画館は１席毎の券売に加え、マスク着用が求められた。シネコンでは入場口に検温のサーモグラフィーを設置。消毒液の数はまちまちで、ＴＯＨＯシネマズ日比谷のように11スクリーンに対し手指用１本、ひじ掛け用１本という館も。全体に商業演劇とは比較にならない手薄さである。

また、コロナを機に指定席化・ネット販売を進めたジャック＆ベティ（７月30日導入）のようなミニシアターもある。一方、ラピュタ阿佐ヶ谷は整理番号制や座席はそのままで発券数を30枚程度に抑える方法を採った。ラピュタ恒例の前説は、飛沫を防ぐため小型のスピーカーを用い、扉の外からアナウンスする工夫をこらした。

ここからは改装を終えて７月７日に再開した国立映画アーカイブについて。１階は大幅にソファを減らし、チラシスペースを撤去。各ホールは座席や絨毯を交換。コロナ対策としては、１階入口で警備員による検温とアルコールジェルでの手指消毒、マスク着用が求められる。チケットは自分でもぎり半券を受付に置く。座席は左右２席あけるので定員１１１席（前売90席＋障害者・キャンパスメンバーズ等券21席）。全席指定で当日券は扱わず、チケットぴあで事前に購入する（発券手数料１１０円）。再開最初の上映企画「松竹第一主義　松竹映画の１００年」は６月30日10時発売開始。ネット購入でも最初の１時間は座席指定ができず、注意書きがないため混乱を招いた。また解説つきプログラムは印刷せずＰＤＦのみ。代わりにスケジュールだけを記したＡ４チラシが設置された。なお、５月30日～６月21日に同館で予定されていた「ＥＵフィルムデーズ２０２０」は、６月12～25日にオンラインでの開催に。21作品を青山シアター（運営ＧＡＧＡ／６月28日サービス終了）で配信。１作品３００円でパック料金もあり。スロヴェニア映画『ルーザーとしての私の最後の年』の日本語字幕が意味不明とクレームが寄せられ、23日から修正版を提供した。

†

コロナ下で二人の映画関係者が訴えられた。一人はアップリンクの浅井隆代表。6月16日、浅井氏からパワハラを受けたとして元従業員五名が氏と会社に損害賠償を求め東京地裁に提訴した。同日、浅井氏はHPに《不適切な言動があったことを深く反省し、謝罪します》とコメントし、6月19日には「謝罪と今後の対応について」を掲載。外部委員会の設置など5項目を誓ったが、これがかえって火に油を注ぎ、22日に原告側が再び記者会見。原告の一人・錦織可南子氏は《私たちからの協議の提案の声に応える前に、あたかも自発的に改善に取り組んでいるかのように見せかける》と《自分語りの謝罪文》を一蹴した。浅井氏は7月8日配信の「週プレNEWS」で、かつて所属していた演劇実験室◎天井桟敷を《やりがい搾取の、とんでもないブラック集団だったんだよね（笑）》と述懐。反省する気があるのか、配給作品の傾向と氏の言動の乖離は甚だしい。なお「ミニシアターエイド基金」運営事務局は6月17日、ハラスメントは許容されないとしながらも、アップリンクにも《支援金の分配は履行》するとしている。

いま一人は映画評論家の町山智浩氏。高須克弥院長らが発起人の「お辞めください大村秀章愛知県知事・愛知100万人リコールの会」の署名活動に対し、町山氏は8月25日《リコールに参加した人たち、愛知県広（※ママ）報で本名と住所が県民に告知されるんですね》と代表者の住所氏名が載った公報の写真を添えてツイート。むろん署名しただけで公報に載ることはない。高須氏はリツイートした津田大介氏（あいちトリエンナーレ2019芸術監督）、香山リカ氏と共に、町山氏を地方自治法違反の容疑で愛知県警に刑事告発。加えて、ツイッタージャパン社に署名期間中の三人のアカウント凍結の通告書を送付した。

両氏を見ても明らかなように、リベラルは他人の考えを尊重しない態度にまで堕してしまった。社会が自ずと多様なのは良いことだが、リベラルの主張する「多様性」の概念はイデオロギーであり、特定の思想を他者に強制することは最も権力的な暴力だ。『ムーラン』にまともな作品評がない現状は、時代が現実を見つめず、概念に偏っていることを端的に示している。

本質より現象に身を任せる有りようは新型コロナに対しても変わらない。日本では3月26日の持ち回り閣議でコロナを「四種病原体等」に指定した。《わが国の衛生水準では、通常は死亡に至ることが考えられない病原体》を指す。東京都医師会も2月13日に《通常のインフルエンザと同程度》と「都民の皆様へのお願い」を作成している。果たしてわが国では欧米のような大流行にはならなかった。それでも国連的「平等さ」で社会は止まった。科学より空想へ、その野蛮さへ人々は後戻りしたのである。

（はせがわ・こうし）

サクソンが出てるのがあった。依頼されたら何でも出る人なんだなあ、と感心した。

永田哲朗　1931年生まれ。チャンバリスト。「殺陣」は時代劇愛好家必携の一冊。他に「日本映画人改名・別称事典」「日本劇映画総目録」(監修)「右翼・民族派組織総覧」(国書刊行会)など。

二階堂卓也　1947年生まれ。渡哲也の訃報に接した時、ふと、『昭和やくざ系図・長崎の顔』(69・日活)が頭をよぎった。落ち目の組を立て直すため奮闘する三代目若親分が病魔に仆れるまでを描いた野村孝の佳篇。私なりの追悼をDVDで。

布村建　チャップリン映画でクランクを回す撮影風景をみた。クランクＩＮにＵＰ。ロケハンに並ぶ便利な和製英語だが何故インにアップなの？
　なお、ロケハンはロケーション・スカウティング。ついに84歳。本稿が遺筆か。

沼崎肇　1956年生まれ。大スタアも続々亡くなったけど、俺としてはアンソニー・ジェームス、アレン・ガーフィールド、ウィルフォード・ブリムリー（十年以上前に一度死亡記事出てるよな）に黙禱。

長谷川康志　1978年横浜生まれ。双子座・AB型。酒豆忌（中川信夫監督を偲ぶ集い）実行委員。座右の銘「人間 いちばん あかん」(中川信夫)

東舎利樹　1966年生まれ。ピンク映画の初期から70年代中盤まで活動された新藤孝衛(別名:新船澄孝／南雲孝)監督が逝去。新高恵子のデビュー作『色と欲(65／"藤田恵子"名義)』や秀作と言われている『青春0地帯　雪の涯て(65)』を見てみたい。

最上敏信　1948年東京生まれ。一体何の役に立つのだろうか？　映画の題名の一字ぐらい間違っていようが誰も困らないカモ。他人に厳しく自分に甘い。そして完成したらチェックはしない！　皆さんもそうなのかしら？

執筆者紹介（五十音順）

猪股徳樹　1942年生まれ。好きなものは収集したくなる。映画の録画ソフトのこと。改めて思うにフィルムの銀塩の粒子の細かさよ。それをブルーレイで見る楽しみ。先人達に感謝する、そんな毎日。

内山一樹　1954年生まれ。コロナ禍の中、映画館にも行きにくくなったが、図書館も不便になった。元に戻るのは１年以上先か。11月発売の黒沢清監督『CURE』4Kデジタル修復ブルーレイ付録ブックレットの編集・執筆を担当しました。

浦崎浩實　1944年生まれ。激評家(でありたいが！)。自分の喜寿(数え)に驚くまいか。祖父より45年長く、父より30年、弟より20年長く、馬齢重ねけり！　故郷での同期喜寿祝賀会、コロナで延期に！　実現までワレ生きてるや？

奥薗守　1932年生まれ。教育及び産業関係の映画、ビデオ等のプロデュース、監督、シナリオを手掛ける。自称、水木洋子の弟子。市川にある水木邸は毎月第２・４の土・日曜に公開しています。

加納一朗　1928年生まれ。2019年歿。推理・ＳＦ作家。代表作に『ホック氏の異郷の冒険』。草創期テレビアニメ『スーパージェッター』の脚本でも知られる。本誌初期の常連執筆者であった。

重政隆文　1952年大阪生まれ。コロナ禍の映画館休業の後、再開したものの、以前ほど客入りが芳しくない。自粛期間中に映画ファンはモニター視聴に慣れてしまったのだろうか。

瀬戸川宗太　1952年東京生まれ。映画評論家。幼い時（三歳）からテレビで映画を観るようになる。著書に「懐かしのアメリカＴＶ映画史」など。新刊に「世界の戦争映画100年」(光人社ＮＦ文庫)。

ダーティ工藤　1954年生まれ。監督・緊縛師・映画研究家。ＴＶＭ版「西部戦線異状なし」(デルバート・マン)は有名な映画版に劣らぬ傑作。マン監督とは『マーティ』以来の顔負わせのアーネスト・ボーグナインが軍曹役を名演。

千葉豹一郎　1956年東京生まれ。作家、評論家。「東京新聞」等の連載の他、著書に「法律社会の歩き方」(丸善)「スクリーンを横切った猫たち」(ワイズ出版)。近年は草創期からの外画ドラマの研究にも力を入れている。

永井啓二郎　1961年生まれ。欧州のポルノ風短篇実験映画に、ジョン・

◆**編輯後記にかえて**

演劇中心になってからの藤木孝は「敬士」に改名してたけど、いつ元の「孝」に戻ったのか？　新聞とテレビは教えてくれない。いや〝彼等〟は、長く敬士だったことも忘れている。『豚と金魚』での「踊れツイスト」歌唱シーンのカッコヨサも、初期篠田作品でのニューロティックな存在感も〝彼等〟は語る気はない。河原崎次郎の人生から、村野鐵太郎作品での主役、を除いたら何が残るか。でも〝彼等〟は除く。「水戸黄門」にゲスト出演したほうが立派な仕事だと主張する。そんなだから『完全な遊戯』『真夜中の顔』抜きで梅野泰靖を語るのは〝彼等〟としては当然のこと。驚きもしない。

これは無知なのだろうか？　いや違う。〝彼等〟には藝能記者もいるし、俳優名鑑のたぐいも会社にあるだろう。映画批評を載せてる先生方もいる。つまり〝彼等〟は映画が嫌いなのだ。藝能ニュースにせよ、藝能人の人生を語る番組（波乱万丈云々とか）にせよ、映画は決まって軽い扱いだ。ハッキリ映画スタアであっても、テレビでの仕事のほうが大きく取上げられる。草創期に映画人から「電気紙芝居」呼ばわりされたことを根に持ってるのか。機会さえあれば、古い、マイナーなジャンル、と印象付けたいのかしら。

ムキにならなくとも、映画なんて、もう終わってる。せめて映画が元気だった頃の関係者くらいは大事にしてやってよ。そこいくと、いま映画で活躍してる面々は、いざというとき安心だ。みんな残らずテレビ育ちだから、ヒドい死亡記事は書かれないだろうな。

丹野達弥

映画論叢《えいがろんそう》 55

2020年11月15日初版第1刷発行
定価［本体1000円＋税］

編輯　丹野達弥《たんのたつや》
発行　㈱国書刊行会
〒174-0056 東京都板橋区志村1-13-15
Tel.03(5970)7421　Fax.03(5970)7427
http://www.kokusho.co.jp
装幀　国書刊行会デザイン室＋小笠原史子（株式会社シーフォース）
印刷・製本　㈱エーヴィスシステムズ

ISBN 978-4-336-07091-3 C0374